MANGE TA SOUPE
ET...
TAIS-TOI !

DU MÊME AUTEUR

Circulez, y a rien à… négocier !
Seuil, 1997

MICHEL GHAZAL

MANGE TA SOUPE ET... TAIS-TOI !

Une autre approche des conflits parents-enfants

DESSINS D'ANTOINE CHÉREAU

ÉDITIONS DU SEUIL

CE LIVRE EST PUBLIÉ SOUS LA DIRECTION
DE NATHALIE SAVARY

ISBN 2-02-014450-6.

A Danielle mon épouse
et nos enfants Laura et Rémy
pour leur indéfectible soutien

Avant-propos

> « Le but de l'éducation est tout d'abord de permettre à l'enfant de découvrir la personne qu'il veut être, grâce à laquelle il pourra être satisfait de lui-même et de sa façon de vivre... Il devrait être capable de faire dans sa vie tout ce qui lui semble important et désirable ; d'établir avec autrui des relations constructives, satisfaisantes et mutuellement enrichissantes ; de supporter convenablement les tensions et les difficultés qu'il rencontrera inévitablement au cours de sa vie. Pour tout cela, les parents ne sont pas seulement les premiers formateurs de l'enfant, mais aussi les êtres par lesquels il pourra s'orienter[1]. »
>
> Bruno Bettelheim

Si vous avez envie de lire ce livre, c'est que vous aimez vos enfants. Vous êtes attentif à leur santé morale, physique et psychique ; vous souhaitez que vos rapports avec eux les aident à devenir adultes et à s'assumer ; vous voulez éviter de nuire à leur développement personnel.

Mais vous êtes angoissé par tout ce que vous avez pu lire ou entendre sur l'éducation des enfants, à laquelle vous n'avez pas été préparé. La masse de connaissances accumulées vous est utile parfois et vous rassure. Pourtant, vous vous sentez également écrasé par toutes ces théories et vous perdez confiance en votre capacité d'être un « parent acceptable[2] ». Il n'est pas donné à tout le monde d'être Freud.

Comment y parvenir, alors que votre activité quotidienne, professionnelle, sociale, privée vous sollicite tant ? Vous vous mettez à vous justifier, à vous pardonner, à vous trouver des excuses, à vous accorder l'absolution, mais en même temps, vous vous culpabilisez, vous vous reprochez votre manque de disponibilité, votre emportement, vos

1. Bruno Bettelheim, *Pour être des parents acceptables*, Laffont, coll. « Réponses », 1987.
2. Ce concept est emprunté à Bruno Bettelheim, *op. cit.*

colères et parfois l'envie de vous débarrasser de cette charge qui vous incombe.

Je me rappellerai toujours le désarroi de cette mère à qui j'avais conseillé la lecture de l'excellent livre d'Alice Miller, *C'est pour ton bien*, et qui me dit : « Dorénavant, je n'oserai plus rien faire. Je suis découragée, car à présent je vois toutes les fautes que je commets ; le problème, c'est que je ne sais pas ce que je peux faire à la place. »

Cet ouvrage ne se veut pas un livre de plus, prodiguant des conseils sur l'ensemble de la relation parent-enfant, de la naissance jusqu'à l'âge adulte. Il m'a toujours paru très difficile, pour ne pas dire prétentieux, de vouloir embrasser toutes les situations de la vie quotidienne.

Ce livre porte essentiellement sur la manière d'établir un mode relationnel avec ses enfants qui ne soit ni autoritaire, fondé sur le rapport de force, ni laxiste, modèle post-soixante-huitard.

Mes objectifs sont de plusieurs ordres :

- *Oser :* mettre à la portée des parents des méthodes et des pratiques éprouvées dans les domaines de la diplomatie internationale, des affaires, des relations hiérarchiques et sociales dans les entreprises et, ce, sous une forme simple, attrayante, et surtout facile à mettre en œuvre.
- *Se confronter et non s'affronter :* apprendre à négocier avec ses enfants les conflits, les disputes et les désaccords de la vie quotidienne et sortir ainsi des affrontements habituels épuisants pour tout le monde et destructeurs à terme de la relation.
- *Innover :* décrire les processus d'une relation parent-enfant qui soit innovante et qui procure une satisfaction à tous.
- *S'adapter :* élargir le répertoire des réponses face aux conflits et disputes en tout genre, qui soient faciles à utiliser, en toute confiance et avec créativité, c'est-à-dire en les adaptant à l'enfant et à la situation.

• *Evoluer :* faire évoluer l'attitude de réserve, l'appréhension, le désarroi, la peur, et donc le stress, à l'égard du conflit, vers plus de plaisir.

Je m'exprime à trois titres :

• Tout d'abord en tant que *père*, confronté aux mêmes problèmes que tout un chacun, dans l'éducation de ses deux enfants. Pour convaincre, il faut avoir eu soi-même une expérience personnelle. Ces conflits, ces disputes, ces querelles, ces différends sont multiples et tournent autour des repas, de la télévision, de la propreté, des études, du téléphone, des bains, de l'heure d'aller dormir ou bien du besoin de ne pas être dérangé...

• Ensuite en tant qu'*expert* dans les domaines de la *négociation et de la médiation*. Depuis une quinzaine d'années, je consacre une part importante de mon travail à réfléchir à ces questions, dans le domaine des affaires, dans les rapports hiérarchiques, dans les relations sociales... Je suis appelé à intervenir en tant que conseil ou « facilitateur ».

• Je parle enfin en tant que *formateur* de plusieurs milliers de négociateurs professionnels composés de dirigeants, de cadres supérieurs et moyens, de commerciaux, etc. ; ces responsables font face à des situations diverses où des intérêts divergent, des différends opposent, des conflits bloquent. Dans toutes ces occasions, ils doivent faire preuve d'une aptitude à l'art de la négociation et de la médiation.

J'ai toujours été frappé par les similitudes sur le plan pédagogique entre la formation des adultes et l'éducation des enfants, notamment dans le domaine de la relation à l'autorité, la motivation et la communication en général. Par ailleurs, les participants à mes séminaires rapportent fréquemment des exemples d'application des enseignements des stages dans leur vie privée et plus particulièrement leurs relations avec leurs enfants. J'ai trouvé là une indication, de premier plan, de l'ampleur du besoin. J'en profite pour leur exprimer ma gratitude car j'ai puisé largement dans leurs expériences.

Le déclic s'est produit à la lecture du livre de B. Bettelheim : *Pour être des parents acceptables*. Une grande partie de mes observations, de ma pratique, de mes enseignements se trouvait là, contenue de façon explicite ou sous-jacente. Son livre est la somme d'une longue pratique qui lui a donné une compréhension de l'intérieur des besoins et des attentes des enfants. L'idée de faire le pont entre ma vie professionnelle et ma vie privée a surgi – le rêve de tout parent qui, comme moi, culpabilise de ne pas consacrer tout le temps qu'il souhaite à ses enfants. Mon travail, qui m'éloigne d'eux, pouvait m'aider à m'en rapprocher. Là, j'allais écrire d'abord pour moi-même ; soudain ma motivation s'en trouvait décuplée.

Les spécialistes traditionnels (éducateurs, psychologues, psychanalystes, pédiatres...) vont certainement réagir en se demandant ce que vient faire cet intrus dans un domaine qui n'est pas spécifiquement le sien. Je pense aussi que c'est aux experts qu'il appartient en premier d'éclairer ceux qui viennent leur demander de l'aide. Cela ne doit pas exclure pour autant un éclairage qui peut provenir d'autres sphères. Même dans la peinture il y a tout un courant naïf (le douanier Rousseau...), qui ne retire rien aux autres, bien au contraire.

Enfin, sachant que négocier, c'est fondamentalement reconnaître l'autre, apprendre à vivre avec, respecter ses différences... peut-être – et je touche là un souhait personnel, ô combien ambitieux, un rêve... – qu'en apprenant aux enfants, dès leur plus jeune âge, à régler les différends autrement que par la coercition, il n'apparaîtrait pas impossible d'éloigner, ne serait-ce qu'un tout petit peu, le spectre de la guerre et toutes les souffrances qui en découlent.

Introduction

Négocier : un savoir-vivre.

Négocier les conflits : une évolution ou une mode

Une des grandes évolutions récentes à l'intérieur des entreprises du monde occidental est la prééminence de la négociation entre les composantes de l'organisation. Qu'il s'agisse de la recherche d'une implication plus grande de la part des collaborateurs, ou des relations directions-syndicats obligées de sortir des affrontements traditionnels, ce sont des indicateurs montrant qu'il y a là un mouvement et une évolution irréversibles.

Dans les relations entre pays, on observe également que celles-ci sont de plus en plus marquées par trois facteurs : la mondialisation, l'interdépendance et l'existence de préoccupations communes, notamment les problèmes relatifs à l'environnement (effet de serre, couche d'ozone, pollution des mers, stockage des déchets atomiques, etc.). Là également, la négociation s'impose de plus en plus comme une nécessité, pour aider à l'instauration d'un nouvel ordre mondial fondé sur un minimum de stabilité.

Les négociations entre nations, entre entreprises, entre directions et syndicats portent souvent sur des enjeux considérables, où les vies, les emplois, les revenus de milliers d'hommes sont parfois en péril. Face à ces considérations d'ordre économique, politique, humain et social, des chercheurs consacrent beaucoup de temps à définir des systèmes efficaces de résolution des conflits. Ils observent, inventent et expérimentent des méthodes au profit des diplomates, des hommes d'affaires, des gouvernants, etc., qui paient très cher leur acquisition, car ils savent tout le bénéfice qu'ils peuvent en tirer.

Si ces professionnels réclament aux spécialistes une alternative aux rapports de force, aux procès, à la guerre totale, pour dénouer les conflits, c'est qu'ils mesurent au quotidien les conséquences fâcheuses de leurs approches et les retours de bâton qu'elles génèrent.

Quant aux relations familiales, il n'est pas très lointain le temps où parler de négociation avec les enfants aurait été déplacé ou incongru. En effet, on pourrait penser qu'ayant plus de pouvoir et étant donc en position de force, les parents n'ont aucun intérêt à rechercher une solution négociée et préfèrent imposer leur propre point de vue.

Là aussi, plusieurs facteurs ont provoqué des changements de fond. On les connaît : l'évolution du statut de la femme, le développement des médias et surtout de la télévision, le rétrécissement de la cellule familiale et, enfin, au-delà du pouvoir économique aujourd'hui reconnu aux enfants, la consécration de leurs droits au niveau social. Nous assistons à un processus de démocratisation au sein de la famille.

A la question « Pourquoi faut-il là aussi négocier plutôt qu'imposer ? », je répondrai :

– parce qu'il y a un projet, un but commun, à réaliser dans le temps ;

– pour maintenir un lien solide avec ses enfants ;

– parce que, même si le rapport de force paraît à l'avantage des parents, ils ne peuvent pas se débarrasser de leurs enfants au moindre désaccord. Tout comme il n'est pas possible de changer, à discrétion, de collaborateurs, de conjoint, d'interlocuteurs, etc. Le choix de la négociation s'impose, car le coût du conflit est plus élevé. Mais tout n'est pas négociable.

C'est la non prise en compte de ces évolutions, bouleversant profondément la nature des relations parents-enfants, qui génère le rejet pur et simple de l'autorité parentale.

Une méthode ou des recettes

Pour faire face à ces changements, l'objectif de ce livre est de vous donner non pas des recettes spécifiques à telle ou telle situation, mais une méthode que vous adapterez à votre personnalité. Apprendre par soi-même les mécanismes qui permettent de trouver des solutions originales donne une satisfaction énorme due au sentiment d'avoir été créatif.

La méthode que vous allez découvrir s'inspire d'approches destinées aux professionnels de la négociation et de la médiation qui trouvent dans la littérature des dénominations diverses : négociation raisonnée, méthode gagnant-gagnant, approche résolution de problèmes, négociation coopérative et non compétitive, constructive et non antagoniste, etc.

Nous proposons ici :

– *d'identifier* ce que ces professionnels de la négociation ou ces parents, compétents et efficaces, font intuitivement ;

– *d'énoncer* ensuite les pratiques, les techniques, les approches, les règles et les processus qu'il est possible d'appliquer soi-même dans ses relations familiales et plus particulièrement avec ses enfants.

Plutôt que des recettes pour répondre à telle ou telle situation précise – il ne veut pas manger, il ne veut pas aller se coucher à l'heure, ou elle veut sortir tard avec un tel... –, notre objectif est de vous donner des outils qui vous aideront à répondre à la situation particulière qui se pose à vous. En effet, il est impossible d'en dresser une liste exhaustive. Pour les rendre vivants et agréables à lire, nous illustrerons, par des expériences vécues, les différents principes pour en faciliter la compréhension et la mise en application. L'objectif ultime étant de réussir l'éducation de vos enfants.

Dans les relations parents-enfants, il va très souvent s'agir d'une négociation informelle, instantanée, à chaud, avec peu ou pas de préparation, sans ordre du jour ni tapis vert, mais cela en restera quand même une.

Caractéristiques d'une décision négociée et non imposée

Les fondements d'une prise de décision négociée sont au nombre de quatre :

La participation à l'élaboration de la décision. C'est elle qui permet à l'enfant de s'approprier cette décision ou une partie de celle-ci. La décision n'est pas imposée contre sa volonté, mais ses besoins, ses intérêts, ses préoccupations sont contenus dans la décision elle-même.

La reconnaissance du fait que, dans chaque enfant, il y a une personne. L'enfant, tout comme le reste des êtres humains, a un grand besoin d'être reconnu. Si vous parvenez à satisfaire ce besoin chez lui, vous créez les conditions favorables à une discussion ouverte et constructive.

Négocier avec un enfant, c'est d'abord et avant tout le reconnaître fondamentalement comme une personne à part entière. Chacun a le désir de sentir qu'il peut influer sur le monde qui l'entoure. Négocier avec lui, c'est lui envoyer un message très fort : « Tu existes pour moi, et je n'ignore pas que tu as des besoins propres. » Cette considération lui montre que le parent le respecte en tant que personne.

L'acceptation de la différence. Si j'accepte que l'enfant puisse exister en dehors de moi, qu'il soit un autre à part entière, immanquablement des différences de tous ordres (d'opinions, de besoins, de désirs, de valeurs, d'intérêts...) vont apparaître. Dès qu'il y a un différend avec une personne que je côtoie quotidiennement et que je cherche à influencer sa conduite, je suis forcément en situation de négociation. Or, avec l'enfant, « notre affection pour lui est telle que nous sommes malheureux de le voir agir contre nos désirs, et notre réaction émotionnelle nous empêche de croire qu'il peut avoir de bonnes raisons de le faire. Là où les choses sont encore plus difficiles, c'est que ce lien intime (après tout, c'est nous qui l'avons mis au monde, qui lui avons appris tout ce qu'il sait, qui avons veillé sur lui jour et nuit) nous amène à penser que nous connaissons par avance ses motivations, et qu'il est donc inutile de prendre la peine de les chercher[1] ».

L'interdépendance. Elle se manifeste essentiellement par la demande affective de la part des parents à l'égard de leurs enfants. Admettre que les enfants ont un pouvoir sur les parents est difficile mais nécessaire. Ils en ont, car les parents ont besoin de sentir qu'ils sont aimés de leurs enfants et que ces derniers leur renvoient une image de parents compétents.

Beaucoup d'aspects contenus dans ce livre vous sont certainement familiers mais d'une manière partielle ou désordonnée. Nous allons nous attacher à les transformer en une démarche systématique de résolution des conflits soit avec un enfant, soit entre les enfants.

Dans une première partie, « Le parent négociateur », nous traiterons des conflits directs parents-enfants, et, dans une deuxième partie, « Le parent médiateur », nous

1. B. Bettelheim, *op. cit.*

Quelques postulats à propos de l'éducation

1. Un enfant est d'abord et avant tout un enfant. C'est une erreur que d'exiger de lui qu'il ait la maturité d'un adulte.

2. Les parents, et plus généralement les adultes, sont au service des enfants pour les aider à devenir des adultes à leur tour. Ils ne sont en aucun cas leurs maîtres.

3. L'enfant a besoin de se sentir protégé par ses parents pour éprouver un sentiment de sécurité. Il a également besoin de se sentir aimé d'eux.

4. Il faut encourager et aider l'enfant à développer sa propre volonté et non la lui ôter.

5. Il faut l'aider à devenir autonome et à accepter ses propres émotions et sentiments.

6. Obtenir l'obéissance par la force – menace, chantage, violence, pression psychologique, manipulation, intimidation, mensonge, etc. –, et non par un consentement réciproque, constitue une erreur. En effet, nous avons forcément plus de pouvoir que lui. Si nous nous en servons pour l'obliger à faire ce qui est contraire à sa volonté, il y a de fortes chances pour qu'il nous le reproche un jour. Il y a un résidu. Il faut être conscient que l'adulte qui est en conflit avec l'enfant a le pouvoir de trancher dans la direction qui lui est favorable. Cela est foncièrement injuste, car le parent agit comme juge et partie, ce qui, dans notre système démocratique, est rejeté, même pour les criminels de guerre.

7. L'enfant a une perception du monde, de la situation, du problème posé, de lui-même, de vous, qui est totalement différente de la vôtre et qui, *à ses yeux*, représente LA VÉRITÉ. Il faut accepter l'idée que, pour l'enfant, ce qu'il fait se justifie pleinement.

8. L'enfant est une personne à part entière qui demande à être respectée et qu'il faut respecter. Son point de vue est à prendre en compte, car il a un besoin de reconnaissance, tout comme vous ; toute action qui peut l'humilier ou lui faire

et des relations parents-enfants

perdre la face le vexera profondément. Il n'aime pas se sentir perdant. Il ne faut pas qu'il perde.

9. Qu'il soit enfant unique ou qu'il ait des frères et sœurs, il attend de vous que vous répondiez à son besoin de justice et d'équité ; cela implique soit de remplir une fonction d'arbitre en tranchant le différend – à condition de prendre soin de rééquilibrer les forces en présence –, soit d'être un médiateur qui va aider à trouver une solution équitable au conflit.

10. Les tout-petits ne peuvent pas concevoir l'avenir. Tout ce qui sort du champ de l'immédiateté les dépasse complètement. Il est donc très difficile de leur expliquer et de leur faire admettre tout ce que l'adulte place dans le futur – demain ou plus encore la semaine prochaine. Il a besoin de supprimer tout obstacle entre lui et la réalisation immédiate de son désir.

11. Chaque enfant est un être singulier, il n'y a pas deux enfants identiques, fussent-ils engendrés par les mêmes parents. Toute comparaison entre eux peut entraîner l'effet opposé à celui recherché. Cela suppose un effort de compréhension considérable de la part des parents.

12. Il faut faire confiance à l'enfant ; les parents doivent partir du principe qu'il va réussir dans la vie. L'enfant a besoin de cette confiance pour affronter le monde avec succès.

13. Contrairement à ce que supposent beaucoup de parents, l'enfant aime vivre avec les enfants de son âge. Etre en permanence avec les parents ne l'intéresse pas outre mesure, même s'il l'exige parfois.

14. Il ne faut pas confondre éduquer et dresser. Qu'on utilise pour ce faire le fouet ou les morceaux de sucre, le dressage transforme l'enfant en un animal de cirque. Il est ainsi privé de sa propre expérience et il n'aura de cesse de le regretter.

examinerons l'intervention du parent dans les conflits entre les enfants.

Mais quelle que soit l'approche que vous adopterez pour améliorer votre relation avec eux, il ne faut pas que ce soit un masque ou un emplâtre, car alors vous irez à l'échec, tout particulièrement si c'est incompatible avec vos valeurs et vos croyances. Si vous découvrez que la sincérité peut favoriser le règlement des différends, ne jouez pas à être sincère. Ne simulez pas l'écoute si vous êtes préoccupé. Faire semblant ne paie que pour un temps.

PREMIÈRE PARTIE

LE PARENT NÉGOCIATEUR

L'art de gérer les différences

Accepter les différences comporte un risque,
mais il est moindre que l'illusion de l'harmonie.

SI TU NE MANGES PAS, MAMAN VA ETRE CONTRARIEE, ET QUAND ELLE EST CONTRARIEE MAMAN EST NERVEUSE ET QUAND ELLE EST NERVEUSE, MAMAN PREND DES TRANXENES... TU VEUX QUE MAMAN PRENNE DES TRANXÈNES?

I.
Le problème posé : un rendez-vous réussi avec l'angoisse !

> Ne devenez pas l'ennemi de votre enfant : celui qui lui fait faire ce qu'il n'a pas envie de faire et celui qui l'empêche de faire ce qu'il a envie de faire.

Avant d'avoir des enfants, vous vous êtes préparés : Pernoud, Dolto, Brazelton, Antier, Piaget, Solal, etc., n'avaient plus de secret pour vous. Vous alliez être le meilleur des pères et la plus merveilleuse des mères. Votre enfant allait être choyé, dorloté, aimé.

Puis vint la rencontre avec la réalité, le passage de la théorie à la pratique, de l'imaginaire au concret. Là, les choses se gâtèrent un peu ; cela ne se passait pas tout à fait comme l'expliquait le manuel. Votre enfant n'était pas cette machine parfaite, ni vous ce parent tout amour... et pour cause ! Il pleure, rejette votre nourriture, vomit, vous réveille en plein sommeil et tutti quanti... De votre côté, vous sentez que votre patience n'est pas infinie, que vos nerfs lâchent, que votre énergie n'est pas illimitée, que l'éventail de vos émotions est aussi varié qu'il l'était auparavant, et que la tendresse n'est pas seule au rendez-vous !

Quand votre enfant a un comportement inacceptable, qu'il se laisse emporter par ses pulsions, se met en colère, se jette par terre... vous réagissez en parent intelligent : vous tentez d'abord de le raisonner, de lui expliquer le pourquoi des choses et éventuellement ses erreurs. Vous cherchez à lui prouver la supériorité de votre point de vue. Cependant, et malgré tous vos efforts, il change rarement d'avis ou de façon de penser.

Qui n'a pas vécu cette expérience ? L'enfant refuse de manger sous mille et un prétextes : je n'ai pas envie, je n'aime pas, je n'ai pas faim... Vous restez calme un moment, puis vous vous emportez et perdez le contrôle de vous-même : « Ça suffit, tu vas manger. » Et vous finissez par le forcer. Des situations semblables vont surgir, variant selon l'âge de l'enfant, et sous des formes diverses :

« Mets un pantalon / Non, je veux mettre une robe. »

« Au lit les enfants / Non, on veut encore regarder la télé. »

Et puis plus tard : « Je veux organiser une boom / Non, inutile d'insister. »

« Ne parle pas des heures au téléphone / Je suis libre. »

« Range ta chambre / Je la trouve très bien comme ça. »

« Je veux sortir quand et où je veux / Je veux savoir où tu vas. »

« Je veux fréquenter ce garçon / Il n'en est pas question », etc.

Le différend se transforme souvent en guerre de tranchées. Toutes les situations sont porteuses de ce danger : l'usage de la voiture familiale, la tenue vestimentaire, l'entretien de la maison et de leurs chambres, les sorties, l'heure du retour, l'attribution des chambres et de l'espace en général, l'heure du coucher, les devoirs à faire, etc.

Quels parents n'ont jamais rencontré ces problèmes ? Que faites-vous dans ces cas-là ?

Face aux conflits où il vous faut souvent réagir à chaud, vous vous sentez démuni et, parfois, impuissant. Cela vous paraît complexe et difficile. Vous êtes alors tendu, désemparé et, pour tout arranger, angoissé. Vous commencez même, si vous vivez le conflit comme un signe de votre échec de parent, à en vouloir à votre enfant, considéré responsable de l'émergence du problème. En effet, cela vous éloigne de l'image idéale que vous souhaitez renvoyer : être un parent compétent dans l'éducation de ses enfants.

Souvent, l'attitude du conjoint – reproches, critiques... – vient encore compliquer la situation.

Vous vous replongez alors dans vos manuels, ou bien, si vous avez la chance d'avoir encore vos parents, vous vous tournez parfois vers eux pour un conseil. Vous vous mettez à vouloir un enfant « normal » pour qu'il rentre dans le cadre tel que les spécialistes les plus éminents l'ont défini, alors qu'auparavant vous vouliez qu'il soit unique (et il l'est). Puis vous commencez à vous poser des questions sur vous-même ; vous n'êtes sûrement pas celle ou celui que vous aviez cru être, vous vous reprochez votre prétendue incompétence et vous perdez fatalement votre confiance en vous. Et c'est là que le bât blesse : c'est le manque de confiance en vous et votre angoisse qui sont le problème. En effet, les enfants sont perturbés non à cause de votre incapacité de trouver *la bonne réponse*, la seule, qui en fait n'existe pas, mais surtout par vos doutes, qu'ils perçoivent très bien.

Examinons la manière dont ces différends se règlent le plus souvent.

II.
Les réponses inappropriées et leurs conséquences

> Avant d'acculer un chat dans un coin, s'assurer qu'il ait une chatière.

Quand un sportif cherche à améliorer ses performances, il commence par faire le point sur ses forces et ses faiblesses en analysant ses résultats antérieurs. Il en est de même si vous voulez améliorer votre capacité à résoudre les conflits avec vos enfants. Il convient, en premier lieu, de repérer et d'être conscient des réponses apportées habituellement et d'analyser en quoi elles sont efficaces ou non.

Quand, pour régler un problème, vous agissez d'une certaine manière, c'est que vous estimez que c'est la bonne. C'est votre théorie. Chacun de nous s'en forge une en fonction de son expérience et de ce qu'il a appris. La question posée est de vérifier si celle-ci est juste et adaptée à la situation. Pour ce faire, il faut comparer les effets obtenus aux critères de mesure d'un bon résultat.

Une méthode peut être jugée à la qualité du résultat ou de l'accord qu'elle produit. *Pour évaluer le résultat,* nous préconisons les six critères suivants :

1. Il satisfait les besoins et les préoccupations du parent et de l'enfant.
2. Il ne laisse pas de ressentiment.
3. Il facilite la résolution des problèmes futurs : la relation doit sortir renforcée et non amoindrie.

4. Il évite la récurrence du problème.
5. Il constitue une solution originale et créative.
6. Il est moins coûteux que le conflit.

Ayant défini l'étalon de mesure, examinons les types de réponses apportées habituellement et voyons en quoi elles sont inefficaces.

Le conflit éclate généralement quand il y a divergence de besoins ou d'intérêts : « Je fais ce que je veux / Tu feras ce que je dis. »

Comment faites-vous habituellement pour résoudre ce problème ? Pour vous aider à y voir plus clair, partez du cas classique de l'enfant qui refuse de terminer son assiette.

Décrivez ci-dessous vos démarches les plus fréquentes et vos réactions habituelles :

....

....

....

Il y a fort à parier que vos réponses vont se trouver parmi les suivantes : l'obliger à manger, lui proposer de n'en manger qu'une partie « pour faire plaisir à maman », le menacer de privations s'il n'obtempère pas, lui proposer un autre plat, puis encore un autre..., chercher à le convaincre que c'est bon pour lui, etc.

L'observation fait apparaître une dizaine de méthodes couramment utilisées pour régler les désaccords et amener les enfants à coopérer.

1. « A nous deux maintenant » : voyons qui est le plus fort.
2. « Tes désirs sont des ordres » : céder et laisser tomber.
3. « Encore une bouchée » : couper la poire en deux, la recette éternelle du docteur Salomon.
4. « Si tu fais ça, je le dis à papa » : ou l'art de se faire haïr en une leçon.

5. « C'est pour ton bien, mon fils » : pour lui apprendre à prendre les vessies pour des lanternes.

6. « Pile je gagne, face tu perds » : lui donner le choix entre les pommes de terre et les patates.

7. Le faire à l'arnaque : pour réussir à rendre votre enfant méfiant à tout jamais.

8. « Tu ne veux pas me faire de la peine » : pour bien le culpabiliser grâce au chantage affectif.

9. La violence physique : le martinet est encore là pour éviter que des claques ne se perdent.

10. « Viens faire un bisou à maman, allez, fais-moi plaisir » : pour bien le manipuler et l'empêcher de voir venir le coup.

Nous allons les décrire successivement ainsi que leurs conséquences concrètes sur la résolution du différend.

1. « A nous deux maintenant » : voyons qui est le plus fort

– Qu'y a-t-il d'aussi triste qu'une bataille perdue ?
– Une bataille gagnée...

Nous avons tous été plus ou moins préoccupés par l'apprentissage de la propreté de nos enfants. Certaines mères, en particulier, adorent se vanter de la précocité de leur chéri.

Un de mes stagiaires raconte qu'à vingt-huit mois, son fils, qui avait été propre vers l'âge de deux ans, eut, une nuit, comme la grande majorité des enfants, un accident de parcours. Le père admet avoir vécu cet événement comme un affront personnel : « Il a osé me faire ça. » Il décida que, le lendemain, il obligerait son fils à aller sur le pot avant de dormir. L'heure venue, ce dernier, n'en ressentant pas le besoin, refusa d'obtempérer. Le père l'assit de force sur le pot, prit son journal et informa son petit qu'il ne bougerait pas tant qu'il n'aurait pas fait pipi.

L'épreuve de force était engagée. Devinez qui fut le vainqueur... Trois quarts d'heure plus tard, alors que le pot était toujours sec – tout comme le sommeil, faire pipi est un acte spontané qu'il est impossible de forcer chez l'être humain –, le papa dut céder. Excédé et conscient de son impuissance, il mit son fils au lit... Quelques jours après, le bambin entreprit de pisser sur la moquette aux quatre coins du salon chaque fois que ses parents avaient le dos tourné.

Nous avons tous une attitude semblable à celle de cet enfant lorsqu'un accord conclu nous laisse avec un ressentiment. Dès que nous avons l'impression de *nous être fait avoir*, nous en voulons à l'autre et nous nous préparons à la revanche. Et, pour l'enfant, cela engendre une double angoisse : la peur d'être puni et la culpabilité d'en vouloir à ceux qu'il aime le plus au monde.

Un exemple personnel illustre bien les méfaits de

l'épreuve de force. Rémy, mon fils, avait un peu plus de trois ans. Nous étions partis ensemble faire quelques courses. Je l'avais laissé choisir les yaourts et les fromages qu'il voulait. Il était tellement content de participer qu'il voulait porter lui-même les sacs, ce qui n'était pourtant pas facile. Au retour, dans la cour de l'immeuble, nous rencontrâmes un voisin de palier qui nous salua.

« Dis bonjour au monsieur », lui dis-je. Mon fils refusa.

Une fois dans l'ascenseur, je lui demandai pourquoi il n'avait pas accepté de le faire. A peine avais-je posé cette question qu'il se mit en colère et se roula par terre, alors qu'on s'amusait bien une minute plus tôt. Quand j'ouvris la porte de l'appartement, il refusa d'entrer, se mit à me frapper et à vouloir refermer la porte pour rester dehors. Un peu plus tard, il tira les yaourts du sac pour les jeter par terre. Le même voisin passait à ce moment-là...

Rien ne semblait pouvoir apaiser sa rage. Je lui demandai alors calmement de réparer les dégâts ; il refusa et se mit à me frapper. Là, je craquai. Je lui mis un chiffon dans les mains et le forçai à nettoyer le yaourt renversé. Il s'y refusa et se mit à pleurer. Enfin, pour couronner le tout et dans le but évident de me punir, il chercha à sortir, en refermant la porte derrière lui. Il faisait sa première fugue... sur le palier, mais une fugue quand même. C'était l'impasse.

L'épreuve de force avait conduit à un échec total. J'étais amer : d'abord, parce que je n'avais pas compris les raisons de son comportement ni surtout la violence de sa réaction ; ensuite, parce que je m'étais emporté ; et, enfin, parce que j'avais utilisé la force pour le faire céder.

Lui, et c'était facile à imaginer, devait se sentir profondément humilié d'avoir été obligé d'agir contre son gré ; me haïr à cause du ressentiment qu'il éprouvait à mon égard, d'autant que, selon lui, c'était moi qui l'avais mis dans une telle situation ; enfin, se sentir coupable, car il est inadmissible pour un enfant d'éprouver un sentiment négatif à l'égard de son parent.

Avec le recul, cette expérience m'a permis de comprendre un certain nombre de choses.

Par ma demande de dire bonjour gentiment, alors que mon fils pouvait ne pas aimer ce voisin pour des raisons qui lui étaient propres, j'avais créé chez lui un conflit interne entre ce qu'il ressentait vraiment et ce qu'il devait exprimer. Et, puisqu'il me jugeait responsable de ce décalage, il avait interprété ma demande comme un reproche. Ce qu'il n'avait pas supporté. Comprendre cela rapidement m'aurait permis de dédramatiser la situation. Mais mon embarras face à sa violence m'en avait empêché.

Quand l'enfant est sous le coup d'une émotion forte (colère, rage, désarroi...), il est quasiment impossible de le raisonner. Mieux vaut attendre que l'orage passe, sinon l'épreuve de force est inévitable et, à ce moment-là, tout le monde perd.

Face au comportement « irrationnel » de l'enfant, l'adulte doit garder son calme, sans manifester pour autant ni indifférence ni moquerie à son égard. Nous verrons plus loin comment apprendre à ne pas réagir au quart de tour. Notre enfant, nous l'avons dit, est une personne à part entière qui, tout comme nous, a un grand besoin de considération. Il convient donc, plutôt que de le provoquer, de déployer une énergie farouche pour décoder ses messages. Pour y parvenir, il faut se mettre dans sa peau et imaginer ses sentiments.

Soumettre l'enfant en usant de son pouvoir de parent, c'est s'engager dans une partie de bras de fer. Il va forcément y avoir un gagnant et un perdant. Résultat : votre enfant se sent malheureux d'avoir été contrarié et n'est pas plus convaincu qu'avant du bien-fondé de votre point de vue. Il vit cela comme une défaite et va se révolter. Rajoutez l'effet néfaste sur sa confiance en lui, et vous pouvez désormais être sûr que la relation à long terme entre vous et lui va immanquablement en pâtir. La soumission des enfants résulte d'un usage abusif du pouvoir sur plus faible que soi.

Dans les relations hiérarchiques au sein des entreprises, Thomas Gordon[1] souligne que les réactions négatives des responsables face aux conflits sont enracinées dans leurs expériences durant l'enfance. Ces derniers sont entrés dans des luttes diverses se soldant par des ruptures. « Les conflits passés, pour la plupart des gens, devenaient des luttes pour le pouvoir dans lesquelles quelqu'un était tenu de gagner ou de perdre. Inévitablement, les relations en souffraient. Cette expérience négative, et presque universellement vécue, s'explique facilement. D'un bout à l'autre de leur vie, dans la plupart des relations, les gens ont employé (ou ont été victimes) des méthodes gagnant-perdant pour résoudre un conflit. »

Personne n'aime céder à la volonté de l'autre. Posez-vous la question de savoir ce que vous ressentiriez si quelqu'un – votre patron, par exemple – vous obligeait à effectuer une tâche qui vous déplaît fortement.

Il y a fort à parier que vous lui en voudriez. Il en est de même pour votre enfant, même s'il n'est âgé que de deux, trois ou quatre ans. A ces âges, c'est même plus grave encore, car l'enfant vit intensément l'émotion qui l'habite sans pouvoir la nommer. Il en subit les effets – parfois dévastateurs et donc effrayants – sans comprendre ce qui lui arrive exactement. Cela produit un effet multiplicateur, et l'enfant a alors tendance à vous rendre responsable de la situation.

En résumé, toute action autoritaire engendre généralement une résistance plus forte que celle qu'elle veut faire fléchir. Observez comment votre enfant s'accroche à ce qu'il possède chaque fois que vous voulez le forcer

1. Thomas Gordon, *Cadres et dirigeants efficaces*, trad. fr., Belfond, 3ᵉ éd., 1990.

à partager. Le seul résultat est souvent de saper, pour un bon moment, son éventuelle volonté de le faire. Il y a une différence fondamentale entre autorité et autoritarisme.

2. « Tes désirs sont des ordres » : céder et laisser tomber

A l'autre bout de l'axe du recours à la force, le laxisme. « Mon petit chéri n'aime pas les œufs durs, c'est pas grave. Dis-moi ce que tu veux à la place. Une omelette ? Mais bien sûr, cœur d'amour de sa maman. Et voilà, c'est fait, il suffit de le demander. Mais pourquoi repousses-tu l'assiette ? Goûte, c'est bon, tu vas voir. Tu n'aimes pas l'omelette ? Mais tout à l'heure, tu m'as dit que si. Bon, on ne va pas chipoter. Tu préfères quoi, les pâtes, c'est ça, hein ? D'accord, d'accord. Les voici, tu vas te régaler... miam, miam. Allez, mange, ma chouquette. S'il te plaît, ouvre la bouche. Quoi ? Tu n'as pas faim. Mais c'est pas vrai, tu me fais tourner en bourrique à la fin ! »

Vous l'avez dit vous-même, céder aux caprices de votre enfant n'augure rien de bon pour l'avenir. En effet, le message reçu par lui est le suivant : il me suffit d'insister un peu, de hurler plus fort encore, d'être impossible pour finir par avoir gain de cause.

Céder constitue en quelque sorte une prime à l'inconduite. Dès lors, il n'y a plus de raisons pour que ces comportements cessent. Plus grave encore, le parent qui se montre incapable de défendre ses propres intérêts et de faire valoir ses besoins constituera un modèle négatif pour son enfant. En supportant les caprices de ce dernier au-delà des limites de sa tolérance, non seulement il le prive des moyens d'apprendre à affirmer ses besoins, mais il engendre chez lui de l'inquiétude face à cette permissivité sans limites. Croyant acheter les faveurs de son enfant, le parent va plutôt être confronté à un comportement de plus en plus agressif. Tester les limites devient alors le but

poursuivi. C'est un mauvais service à lui rendre que de le maintenir sur son piédestal de « bébé roi ». Il ne vous en demande pas tant.

Les spécialistes s'accordent pour expliquer cette attitude foncièrement « anti-autoritaire » comme une tentative de la part de parents, jadis brimés, de faire adopter par leurs enfants les comportements qu'ils auraient souhaités pour eux-mêmes.

Il faut faire la différence entre liberté d'expression et permissivité.

3. « Encore une bouchée » : couper la poire en deux, la recette éternelle du docteur Salomon

Nous recherchons ce qu'on appelle communément un *compromis*, un moyen terme entre deux positions extrêmes. Pour y parvenir, chacun est censé céder quelque chose grâce au marchandage.

Au cours d'un voyage à Mombassa, au Kenya, j'ai pu observer de près ces mécanismes à l'œuvre.

Le vendeur de souvenirs : « Vous êtes Françay, missié ? Moi j'aime les Françays, tenez, achetez, jé vous le fais à 450 shillings, c'est pas cher. »

Tout le monde étant averti qu'il convenait de marchander, généralement la contre-proposition était tout aussi extrême mais en sens opposé.

Le client : « Je peux vous donner 20 shillings et rien de plus. »

Le vendeur : « Missié, vous ne vous rendez pas compte, tenez, touchez-la, c'est une pièce rare (qui existe à des milliers d'exemplaires, bien entendu). Bon, vous êtes mon premier client aujourd'hui, alors je vous fais un superbe prix, 400 shillings, c'est mon dernier prix ; je ne peux pas descendre plus bas. »

Le client : « 40 shillings, sinon ça ne m'intéresse pas. »

Le vendeur : « Mais vous ne vous rendez pas compte, ma famille va mourir de faim, c'est une pièce très rare... puisque vous insistez, allez, 350 shillings, c'est mon dernier prix, vous faites une affaire. »

Chaque fois, il traçait le prix sur le sable, puis l'effaçait au moment d'inscrire sa nouvelle proposition.

Le client : « C'est trop cher, je vous donne 80 shillings, je ne peux pas aller au-delà. »

Le vendeur : « Allez, donne 300, donne, prends-le. »

Le client : « Non, je ne suis pas intéressé. »

Et là, la tactique du désintérêt était mise en place. Le client rompait la négociation et continuait son chemin en se disant : « Je ne dois surtout pas me retourner, sinon il pourra en déduire que je suis intéressé. » On pouvait ainsi voir des files de touristes, marchant à la queue leu leu, poursuivis par les vendeurs locaux...

Le vendeur : « Arrêtez, je fais un tout dernier effort, c'est 250 shillings. »

Le client : « N'insistez pas. »

Le vendeur : « Combien tu veux mettre, donne ton prix, t'es dur avec moi, t'es quelqu'un qui connaît les affaires. »

Et ainsi de suite, jusqu'à ce que la transaction se traite, ou non, d'ailleurs.

Mais quand un membre du groupe me demanda s'il avait bien marchandé en m'expliquant qu'il avait eu l'objet pour 210 shillings, soit moins de la moitié du prix annoncé au départ, il fut très surpris que je lui réponde que je n'en savais rien.

En effet, mesurer son succès à l'importance des concessions faites par l'autre partie est une erreur. Comment savoir si le prix est de 200 ou de 150 ? Votre vendeur est-il crédible quand il parle d'un dernier prix, qui devient un tout dernier prix, puis se transforme en ultime dernier prix, etc. ?

Dans le cas de l'enfant qui ne veut pas terminer son assiette, cela revient à ceci :

Le père : « Encore trois bouchées et ce sera fini. »

Le garçon : « Non, une seule. »

Le père tranche, pressé d'en finir : « Bon, deux et on n'en parle plus. »

Chacun, en apparence, fait un pas vers l'autre. Mais sont-ils vraiment satisfaits ? L'enfant ne s'est-il pas forcé à manger plus qu'il ne pouvait ? Le père est-il content de jeter les restes à la poubelle ?

Voici un autre exemple d'une négociation téléphonique, entre un père, parti en voyage d'affaires, et sa fille de quatre ans, qui montre bien les limites du compromis :

Le père : « Je rentre dans quatre jours. »

La fille : « Non, demain, s'il te plaît papa. »

Le père : « Mais je ne peux pas, ma chérie, j'ai du travail. »

La fille : « Bon, dans deux jours alors. »

Le père : « Ça suffit, je t'ai dit que je ne peux pas, c'est un séminaire de quatre jours. »

Aucun compromis n'était possible entre les contraintes professionnelles du père et le souhait de sa fille de le voir rentrer plus tôt.

Comment résoudre ici ce qui est apparemment insoluble à moins qu'il n'y ait un perdant ? En effet, ce type d'approche laisse les deux parties, ou du moins l'une d'elles, insatisfaites. Il devient évident que si nous sommes préoccupés par la volonté de ne pas faire perdre notre enfant, il va falloir trouver une autre solution.

Chaque partie adopte la position la plus extrême possible en pensant se donner ainsi le plus de chances d'aboutir à un accord qui lui soit favorable. Mais si, résignés après quelques échanges, les parents, convaincus ou non, font une concession, cela confirme l'enfant dans le bien-fondé de son hypothèse, et il ne cessera de répéter ce schéma.

Comme, de leur côté, les parents fonctionnent selon les mêmes principes, il n'y a aucune raison que le processus s'arrête. Ils vont les transmettre à leurs enfants, qui agiront de même dès qu'ils seront parents à leur tour... et ainsi de suite.

En faisant des concessions, les gens croient donner à l'autre l'impression de gagner. C'est ce qui les pousse à tromper sur leurs exigences puis à céder. Cette attitude est fondée sur une mauvaise hypothèse, selon laquelle il faudrait demander plus pour avoir moins. Le raisonnement des parents est généralement le suivant : « Si on leur donne un doigt, ils réclament le bras. » Ils se gardent donc toujours une marge de manœuvre en proposant moins ou en rejetant, a priori, toute demande. Si l'enfant sait par avance qu'on va lui dire non, il est pris dans un cercle vicieux et il commence alors par trop demander.

Souvent, quand on cède, on ne s'aide pas.

4. « Si tu fais ça, je le dis à papa » : l'art de se faire haïr en une leçon

Un samedi soir, la fillette (deux ans et demi) d'un de nos stagiaires tardait à manger. La mère commençait à s'énerver. Soudain, elle laissa tomber d'une voix irritée : « Si tu ne manges pas ta soupe, il n'y aura pas de Disney Channel ce soir. »

Vous avez tous reconnu une approche bien familière : le chantage. Son ressort est le suivant : si tu ne fais pas ce que je désire, voilà les dégâts – ici les privations – que *volontairement* je te ferais subir, parce qu'il est en mon pouvoir de le faire.

« Je me rappelle, raconte-t-il, que mes oreilles ont sifflé ; mais je ne voulais pas contredire ma femme devant notre enfant. J'ai juste signalé du regard ma désapprobation. Je reçus d'elle en retour un geste triomphant montrant notre fille finissant son dîner. Notre enfant a pu, un peu plus tard, se régaler avec Winnie l'Ourson. De mon côté, j'ai rationalisé en me disant que mon épouse avait d'autres tâches. »

Une dizaine de jours plus tard, la petite fille jouait avec la boîte à couture :

La fille : « Je veux ce fil. »

Le père : « Attends un peu, tu le demanderas à maman qui va bientôt rentrer. »

La fille : « Si tu me le donnes pas, tu n'es pas mon papa. »

C'est un petit chantage amusant et gentil de la part d'une petite fille, mais c'est du chantage quand même.

Ce genre de communication destiné à forcer l'adhésion de l'enfant pose quelques problèmes :

- Celui qui profère la menace doit être en mesure de la mettre à exécution pour rester crédible.
- Si l'effet escompté est obtenu, l'enfant peut alors

conclure que c'est un bon processus et le réutiliser à son profit mais cette fois contre vous. Puisque ça marche avec moi, ça doit marcher avec papa et maman. Le chantage affectif est alors une forme de retour de bâton.

• La victime de la menace est rarement satisfaite d'avoir été forcée. La relation est soumise à rude épreuve. Généralement, des traces néfastes pour l'avenir vont subsister.

Les bons négociateurs ne recourent jamais ni à la menace ni à l'ultimatum, même voilés.

5. « C'est pour ton bien, mon fils » : pour lui apprendre à prendre les vessies pour des lanternes

Le père : « Je l'ai ramené de son cours de gym vers 20 heures. Il était KO debout. Ce soir-là, nous avions des invités et nous voulions être tranquilles, ma femme et moi. »

Le fils (treize ans) : « Je veux regarder la télé. »

Le père aurait préféré que son fils aille se coucher, mais il ne voulait pas avoir l'air d'imposer sa solution. Il décida d'appliquer le principe (décrit plus loin) qui consiste à aller chercher les intérêts derrière les positions :

Le père : « Pourquoi veux-tu regarder la télé ? »

Le fils : « Parce que je suis fatigué et que ça va me décontracter. »

Le père, pressé et guère d'humeur à discuter, enchaîna : « Prends un bain, ça va te décontracter tout autant. »

Le fils : « Non, un quart d'heure de télé me suffit. »

Le père poursuivit : « C'était une solution possible, mais je connais la musique : tu leur donnes un quart d'heure, et deux heures après ils sont toujours là. Il était temps que je fasse autre chose que de m'occuper des enfants. Cette fois, c'était non. »

Il finit par trancher : « Le bain, c'est mieux » – sous-entendu : je sais mieux que toi ce dont tu as besoin – « et on ne discute plus ».

Comme nous pouvons le constater, à aucun moment ce parent ne donne clairement ses véritables intérêts : il veut être tranquille avec ses amis. Ce genre de duperie trompe rarement les enfants, même petits, et explique certaines de leurs réactions de révolte.

Elles sont nombreuses les fois où vous les obligez à être disciplinés, propres... parfaits quoi, soi-disant pour eux. Alors qu'en réalité, vous craignez d'hypothétiques retombées négatives de leurs comportements : par exemple, nuire à votre image sociale.

Evitez donc de leur donner ce sentiment. Parlez de vos intérêts propres.

« Qui aime véritablement reconnaît et respecte l'individualité et l'identité de l'autre et hésitera à dire : j'ai raison et tu as tort, je sais mieux ce qui est bon pour toi [1]. »

6. « Pile je gagne, face tu perds » : lui donner le choix entre les pommes de terre et les patates

Les mettre devant un pseudo-choix suscite chez eux le sentiment que vous vous moquez d'eux. Un accord n'est satisfaisant que si les deux parties sont gagnantes. Si votre enfant se rend compte, après coup, qu'il s'est fait avoir, il vous en voudra et se méfiera de vos propositions ultérieures, fussent-elles à son avantage.

Il s'agit en fait ici d'une « alternative illusoire [2] » puisque chacun des termes de celle-ci vous est favorable, alors qu'en apparence vous donnez le choix à l'autre.

7. Le faire à l'arnaque : pour réussir à rendre votre enfant méfiant à tout jamais

Pour clore la discussion qui l'opposait à son fils, un père finit par conclure l'accord suivant avec lui :

1. B. Bettelheim, *op. cit.*
2. Paul Watzlawick, *Le Langage du changement*, Ed. du Seuil, 1980.

Le père : « Dors un quart d'heure d'abord, et ensuite je te réveille. »

Le fils accepta.

Le père : « Il dort et... je ne le réveille pas. »

Et le lendemain au réveil... l'enfant lui en veut à mort.

Cette stratégie est fréquemment utilisée quand les parents veulent sortir et que leur enfant veut les en empêcher à moins qu'ils ne l'emmènent avec eux. Il finit parfois par accepter qu'ils sortent, à condition qu'à leur retour ils viennent lui faire un câlin. Si le parent, pour d'excellentes raisons – comme éviter de le réveiller –, ne le fait pas, l'enfant s'en souviendra et le lui reprochera amèrement. Essayez par la suite de recréer un climat de confiance !

A noter que, même s'il le fait, il se peut aussi que l'enfant ne s'en souvienne pas le lendemain matin... alors qu'il semblait tout à fait présent au moment du câlin. Mais là, la sincérité du parent le sauvera.

8. « Tu ne veux pas me faire de la peine » : pour bien le culpabiliser grâce au chantage affectif

Culpabiliser l'enfant pour mieux contrôler son comportement est une des stratégies les plus néfastes. Pour ne pas vous faire de la peine, l'enfant est forcé d'agir d'une manière contraire à ses propres sentiments. Vous obtenez, certes, le résultat escompté à court terme – il agit selon votre désir et non en fonction de ce qu'il ressent –, mais les conséquences négatives à terme sont innombrables.

Le sentiment de culpabilité va être une source permanente et indicible d'angoisse pour l'enfant. Outre le tourment qui lui gâche la vie, il agit comme un facteur paralysant. Il fera les choses qu'il n'aime pas, à contrecœur, et en sera triste et malheureux.

En s'ignorant pour mieux vous satisfaire, il perd sa

liberté de choix et devient irresponsable de ses actes. C'est d'une logique implacable : ses choix sont dictés par votre voix et non par la sienne. Enfin, il ne tarde généralement pas à vous imiter. Non seulement il devient un manipulateur qui culpabilise les autres en permanence et refuse d'assumer ses actes, mais vous finissez par être sa première victime. Il ne vous manquait plus que cela pour détruire définitivement votre assurance de parent. La boucle est ainsi bouclée.

Jouer avec la sensibilité des enfants pour obtenir d'eux ce que vous désirez est une piètre stratégie. Elle est d'une nocivité incommensurable.

9. La violence physique : le martinet est encore là pour éviter que des claques se perdent

Il ne s'agit pas ici de la petite claque, souvent méritée et administrée très occasionnellement avec quasiment le consentement implicite de l'enfant. Nous parlons essentiellement des châtiments corporels violents et disproportionnés.

Il est temps que les parents à la main lourde soient freinés.

Les conséquences négatives de la violence sont innombrables.

Si vous frappez, cette façon de décharger votre colère va montrer à l'enfant votre incapacité à vous maîtriser. Vous n'êtes plus le bon exemple qu'il aspire à imiter. Allez lui dire après cela que c'est mal de frapper sa sœur !

Si, pour lui expliquer que la violence physique est répréhensible, vous le frappez, il apprendra que la violence n'a rien de répréhensible. « Ne traite pas ta sœur d'imbécile... imbécile ! » « Fais ce que je dis, mais pas ce que je fais » est une pratique parentale très courante. « Pour qu'ils soient disciplinés, aidez-les en étant l'exemple qu'ils pourront imiter. Ils vous admirent en tant que parent. Les enfants ont davantage besoin de modèles que de critiques[1]. »

Par ailleurs, comme vous exigez de l'enfant le respect dû à votre statut de parent, celui-ci ne peut pas se défendre et se sentira donc toujours humilié. Il sait qu'il vous doit reconnaissance et s'interdit d'exprimer ses sentiments. Il apprend alors à se faire violence en les réprimant. Non seulement il se fait tort à lui-même, mais désormais la révolte gronde sous vos fenêtres.

Une jeune femme raconte ainsi : « Chaque fois que c'était possible, mon frère et moi nous piquions le martinet et, pour nous venger, en retirions les lanières. Pour nous punir, ma mère nous obligeait à aller en racheter un neuf avec notre argent de poche. Face au commerçant, ma honte était si grande que j'en éprouvais un immense sentiment de révolte. »

Pour prendre sa revanche, une fillette de dix ans est délibérément allée se promener sur la plage fréquentée par les amis et collègues de son père en exhibant les marques laissées par les coups de fouet. En réponse à leurs interrogations apitoyées sur son état, elle répondait sur un ton innocent : « Mon père est caractériel : il a fallu qu'il passe ses nerfs sur quelqu'un, et là c'était moi. »

En tout état de cause, gardez présent à l'esprit que si la peur du châtiment peut empêcher de mal agir, elle incite rarement à bien se conduire. Ne l'oubliez pas, la plupart du temps il existe d'autres solutions que la punition.

10. « Viens faire un bisou à maman » : pour bien le manipuler et l'empêcher de voir venir le coup

Pour obtenir de leurs enfants ce qu'ils désirent, les parents ont aussi souvent recours à la manipulation par la ruse, le trucage, le calcul ou la dissimulation, l'intimida-

1. B. Bettelheim, *op. cit.*

tion, le mensonge et la tromperie : « Il suffit de le prendre par les sentiments », disent certains parents.

« Viens faire un bisou à maman », « Allez, fais-moi plaisir », etc., font partie des classiques de cette démarche.

Non seulement toutes ces méthodes sont souvent inefficaces, mais il faut comprendre que les enfants vont les reproduire aussi bien à l'égard de leurs parents que, plus tard, de leurs propres enfants, ainsi que dans leur environnement professionnel et social.

Pour adopter une nouvelle méthode, il faut être convaincu qu'elle présente soit plus d'avantages, soit moins d'inconvénients que celle qu'on a l'habitude d'utiliser. Or, les dix approches que nous venons de décrire sont inefficaces car, dans l'ensemble, elles donnent des résultats médiocres même si elles ne sont pas toutes intrinsèquement mauvaises. Le problème est qu'elles produisent soit un accord minimum, soit pas d'accord du tout. Souvent l'impasse s'installe, et les différends ne sont pas résolus.

Quelles en sont, en résumé, les conséquences les plus marquantes ?

L'accumulation des ressentiments et des rancœurs. Ils finissent immanquablement par exploser. L'analyse des divorces fait apparaître que des conflits n'ont pas été traités et des sentiments négatifs ont été accumulés. Tout comme les déchets nucléaires, il n'y a pas moyen de les faire disparaître, ils sont ainsi stockés pendant des années jusqu'à ce que la décharge soit remplie à ras bord. Alors on va chercher ailleurs...

Avec les enfants, c'est pareil ; adolescents, ils vont punir leurs parents par des fugues, des échecs scolaires, un « look » débraillé ou punk, des comportements extrêmes qui expriment un rejet des valeurs parentales.

Parfois, le ressentiment de l'enfant va se reporter sur son frère, sa sœur ou son environnement.

Les représailles des enfants réduisent votre pouvoir au lieu de le renforcer. A la longue, le pouvoir finit par s'user. Gare aux « oui, maman », « tout de suite, maman » qui sonnent faux. Ils cachent soumission et ressentiment.

Les rancœurs sont tenaces. On rapporte que le pape Léon XIII, après avoir vaincu les Médicis, aurait expliqué ainsi sa clémence : « Je pardonne parce que je suis un chrétien, mais je n'oublie pas parce que je suis un être humain. » Sempé l'exprime à sa façon à travers l'un de ses personnages : « J'ai pardonné à tous ceux qui m'ont offensé... mais j'ai gardé la liste » !

La destruction de la relation à long terme. C'est, de toute évidence, l'effet le plus néfaste. Ressentiments, rancunes, rancœurs finissent par creuser le fossé dit de génération entre vous et vos enfants. Face à un pouvoir abusif, ils vont se détourner de vous et chercher à vous contrer comme ils le peuvent.

Rébellion, révolte et défi se mettent en place. Observez comment les régimes autoritaires et les dictateurs finissent par sombrer. « Le pouvoir sème les graines de sa propre destruction. »

Or vous voulez avoir les gratifications d'une relation affectueuse avec vos enfants, obtenir leur amour et leur donner le vôtre. Si vos relations sont chargées de sentiments négatifs, vous serez inévitablement privé de ce bonheur. Il est recommandé de toujours garder présent à l'esprit que les actes d'aujourd'hui vont cimenter et enrichir votre relation avec vos enfants ou la faire progressivement dépérir. Si votre enfant n'a pas confiance en vous, il n'aura pas envie de vous faire partager ses préoccupations.

L'application difficile des accords. L'adhésion véritable est réduite ou pratiquement inexistante. Votre enfant vous a donné l'impression de consentir, mais en fait c'était pour mettre un terme à la discussion. Le plus souvent, il s'exécutera en traînant les pieds.

Pour vous, il est vrai qu'ainsi le problème aura été vite classé. C'est une vision à court terme, car vous vous rendrez compte rapidement que vous êtes constamment obligé de rappeler vos accords ; cela devient laborieux et usant.

Un résultat est bon si le problème ne se représente plus. Voilà le critère de succès. La meilleure discipline est l'autodiscipline et non une discipline imposée par l'extérieur, nécessitant un rappel constant.

L'affaiblissement de la communication enfants-parents. « Je ne veux pas te le dire » est une des premières manifestations de ce symptôme et cela très tôt, vers quatre ou cinq ans. Plus tard, l'appauvrissement de la communication avec les parents portera et sur sa fréquence, et sur son exactitude. L'enfant va faire l'apprentissage du mensonge et de la dissimulation.

L'insécurisation de l'enfant. Si votre démarche engendre chez vous le sentiment que vous usez de votre statut pour abuser votre enfant, vous allez bientôt vous sentir coupable et craindre les retours de bâton.

Vous serez alors tenté soit de refouler ces sentiments en les considérant comme injustifiés, soit d'offrir des compensations démesurées à votre enfant, par exemple en le gâtant.

Ces deux attitudes sont néfastes au niveau relationnel. Si, au fond de vous-même, vous n'éprouvez pas un sentiment interne de sécurité, votre enfant le sentira et en sera insécurisé.

Vous avez également pu le constater, la plupart de ces méthodes détruisent chez votre enfant son estime de soi. Cela lui enlève une ressource essentielle, la confiance en ses moyens et ses talents.

Tout ceci va à l'encontre de ce que doit être votre but : donner à votre enfant la force intérieure nécessaire pour affronter les problèmes éventuels de la vie.

La pauvreté des accords. S'il y a accord, celui-ci va souvent être de qualité médiocre. Ce qui veut dire qu'il va laisser sur la table des richesses non exploitées.

Quand l'enfant accepte de manger la moitié de ce qu'on lui sert et donc de couper la poire en deux, c'est certainement le meilleur accord possible obtenu par le marchandage, mais pas forcément l'optimum absolu.

Quand l'enfant se résigne à ne pas voir son copain pour ne pas vous déranger, il est mécontent et de mauvaise humeur. Peut-être aurait-il été tout à fait possible de faire inviter votre enfant chez ce même copain.

Il devient vite évident que le coût de ces approches peut être exorbitant. Mais si le quotidien en démontre l'inefficacité à long terme, pourquoi les parents y recourent-ils ? Quelles sont les raisons profondes qui les poussent à faire usage de processus disqualifiants ou manipulatoires ?

III.
Les raisons du recours à ces stratégies inappropriées

> « Si nous n'avions pas les autres, nous ne saurions pas ce que nous sommes. Supprimons les autres en tant que limites de nous-mêmes et nous n'aurons même plus conscience de notre existence. »
>
> M. Fustier

Il est rare d'agir volontairement dans une direction que l'on sait par avance vouée à l'échec. Quand un parent cherche à soumettre l'enfant ou, au contraire, le laisse faire, son approche est souvent dictée par ses conceptions, ses croyances ou ses convictions sur ce qui est bon ou mauvais pour l'éducation de sa progéniture.

Mais il y a également, bien sûr, toute une dimension émotionnelle, avec des enjeux personnels. C'est souvent la peur de l'échec qui conduit à se défendre comme on peut. Le parent peut sentir son autorité remise en question et vivre le refus de l'enfant comme un signe de son incompétence. De son côté, l'enfant se dit qu'admettre le point de vue du parent serait considéré comme l'aveu d'une erreur et constituerait une humiliation intolérable.

Les réponses inappropriées décrites ici sont fondées sur des idées reçues et diverses confusions concernant le conflit, la nature de la situation, la relation, le pouvoir et la manière d'obtenir la coopération des enfants.

1. Le conflit

Comment surviennent les conflits et quelles en sont les causes les plus fréquentes ?

Pour éviter tout malentendu, notons d'abord que nous

ne traitons pas dans ce livre des conflits d'ordre psychopathologique, qui relèvent d'autres traitements : relation d'aide psychothérapeutique, psychanalyse ou psychiatrie.

Vivre dans le même espace à longueur de journée crée inévitablement des heurts entre les membres de la famille. Le choc peut se produire du fait d'une différence de perceptions, en cas de conflit de besoins ou d'intérêts (vous voulez lire tranquillement votre journal au salon alors que votre enfant y joue au foot) ou s'il y a antagonisme de valeurs (se conformer aux normes sociales ou les remettre en question). On n'est pas seul dans le désert.

Les conflits sont présents même dans la nature. Quand, par exemple, une zone d'air chaud rencontre une zone d'air froid, les météorologistes nous enseignent que cela crée des orages, le tonnerre, des éclairs et puis de la pluie. Est-ce bien ou est-ce mal ? Les agriculteurs considèrent souvent cela comme une bénédiction du ciel et l'accueillent avec allégresse. En revanche, les promeneurs apprécient peu les dimanches pluvieux.

Néanmoins, face à cette réalité, plusieurs mythes [1] sont encore solidement ancrés dans certaines familles.

Le conflit serait négatif en soi. Le mot en lui-même fait peur. En effet, *conflit* est souvent associé à *échec*. Chez le parent, il crée l'angoisse d'être jugé incompétent. Il détruit l'image de l'harmonie familiale. Il devient le signe tangible d'un malaise dans la famille.

Il serait possible d'éviter les conflits et les tensions. Croyant obtenir la tranquillité et la paix, un père finit par acheter le même magazine à ses trois enfants qui se le disputaient. Mais, quelques secondes plus tard, c'est à propos de l'endroit où ils s'installeront pour lire que le conflit éclate.

A force de vouloir leur acheter deux vélos, deux pou-

1. Jeffrey and Carol Rubin, *When Family Fight*, Morrow, 1989.

pées, deux vêtements identiques, avec l'intention louable de ne pas leur donner un sentiment d'injustice ou les rendre jaloux, on les prive de la volonté de réconciliation et de la créativité qu'elle génère.

Cela dit, s'il est vrai qu'il est possible d'anticiper et donc de prévenir certains conflits, il n'en demeure pas moins qu'on ne peut pas les faire totalement disparaître car ainsi va la vie.

Tous les conflits devraient être réglés et l'être une fois pour toutes. « On s'embrasse à tout prix avant de dormir », voilà qui fait partie de ces illusions où l'on veut se faire croire que le problème a ainsi été réglé. Il s'agit plutôt d'un diktat imposé par le parent omniprésent à l'enfant qui a capitulé et reculé sans adhésion véritable.

De même que chacun évolue, avec l'âge et en fonction des circonstances, le même problème peut réapparaître plus tard sous d'autres formes.

Il ne s'agit pas de supprimer les problèmes et les conflits, nous l'avons dit, c'est impossible. Personne ne peut afficher un écriteau : « Ici, on ne connaît pas les problèmes. » Les conflits n'ont rien de diabolique. Ils sont inévitables, voire souhaitables. Leur absence peut être le symptôme d'un immobilisme, d'un ennui ou d'un refus de les affronter. On les a passés sous silence ou glissés sous le tapis dans l'espoir qu'ils disparaîtraient d'eux-mêmes. Certes, les conflits sont souvent désagréables et, en leur présence, vous pouvez éprouver un malaise ou une angoisse, qui vous fait redouter d'aborder le problème de front.

En effet :

• C'est un signe de santé, car ils montrent que chacun existe et est capable de s'exprimer. C'est la reconnaissance du droit à la différence.

• C'est un moyen de progresser et un ressort du dynamisme. En effet, c'est de la tension que naît l'innovation.

C'est l'aliment dont a besoin l'imagination pour travailler et créer ce qui n'existe pas encore. Ils sont inéluctables dès lors que les enjeux sont importants.

• C'est un moyen de forger et de construire la personnalité. C'est grâce à la confrontation entre les aspirations et les souhaits du parent et de l'enfant que vont pouvoir s'expérimenter et s'intégrer le sens de la différence et de l'extériorité de l'autre.

• C'est une condition pour mieux affronter la vie. L'enfant qui a appris à vivre dans une ambiance familiale tolérant les différences tout en préservant la relation et le plaisir d'être ensemble, est davantage préparé à affronter le réel.

Maintenant, si les conflits sont inévitables, comment éviter qu'ils ne dégénèrent, s'amplifient ou conduisent tout droit à l'impasse ?

2. La nature de la situation

Dans son activité quotidienne de vendeur ou d'acheteur, de directeur des relations sociales ou de syndicaliste, de directeur d'équipe ou de collaborateur, etc., le parent, face à un problème, réalise qu'il est en situation de négociation commerciale, sociale ou hiérarchique. Par contre, quand cette même personne affronte une difficulté avec son enfant, l'idée ne lui en traverse même pas l'esprit.

Qu'y a-t-il à négocier ? Ne s'agit-il pas de la même famille ayant des relations suivies et vivant sous le même toit ? N'est-il pas le parent qui sait par avance ce qui est bon ou mauvais pour son enfant ? L'enfant ne doit-il pas, par principe, respect et obéissance au parent ? Or l'enfant agit rarement dans le but de nuire. Quand il rentre tard, décide d'avoir telle ou telle fréquentation, passe des heures au téléphone, aspire à avoir un chien dans l'appartement au trentième étage d'une tour, il ne pense pas mal faire ni

heurter un quelconque intérêt chez un autre membre de la famille.

Toutes ces occasions, n'en doutons point, portent en elles des conflits d'objectifs, d'intérêts, de valeurs et de perceptions. Et ces différences, très réelles, exigent d'être gérées d'une manière constructive si on veut préserver la bonne entente et l'harmonie familiales.

Il s'agit en fait de véritables négociations et il convient de les traiter comme telles.

3. La relation

Nous ne conseillons pas la négociation à tout va. Certaines situations sont négociables, d'autres non. D'ailleurs, depuis Freud, le besoin qu'ont les enfants de rencontrer, à certains moments, des limites a été largement démontré.

Nous en avons indiqué les raisons psychologiques et surtout l'angoisse générée par leur absence.

L'autorité doit donc s'exprimer avec fermeté quand il s'agit d'énoncer la loi : on évite ainsi de sombrer dans une permissivité excessive. Néanmoins, l'observation montre qu'une multitude de désaccords peuvent être réglés par le dialogue et l'échange. Dans ces multiples occasions manquées, il y avait probablement la possibilité de trouver une solution négociée mutuellement acceptable.

4. Le pouvoir

Le parent a souvent une conception erronée du pouvoir et méconnaît, sans les ignorer, certains de ses paradoxes.

Nous définissons le pouvoir du parent comme sa capacité de faire effectuer par son enfant quelque chose que ce dernier n'aurait pas fait spontanément.

A première vue, il paraît donc évident que le parent a plus de pouvoir que ses enfants. Son pouvoir se traduit de différentes manières [1].

Le pouvoir de récompenser. Le parent peut utiliser la récompense (argent, compliments, approbation, encouragements, cadeaux) pour obtenir que son enfant agisse dans le sens souhaité. Jusqu'à un certain âge du moins, l'enfant est en situation de dépendance à l'égard du parent et imagine, ou sait, que ce dernier contrôle les ressources qu'il convoite pour satisfaire ses besoins.

Le pouvoir de punir. Le pouvoir de punir est la capacité du parent de priver l'enfant de quelque chose qu'il désire ou de lui administrer une punition à la suite d'un refus d'obéissance.

1. French and B. Raven, *The Bases of Social Power*, Cartwright, 1959.

Par exemple, la mère va priver son enfant de télévision parce qu'il refuse de ranger sa chambre, ou l'empêcher de sortir avec les copains tant qu'il n'aura pas fait ses devoirs.

Qu'il récompense ou punisse, le parent cherche à obtenir un changement de comportement chez l'enfant. Ainsi, il arrive à le contrôler en le dressant.

Le pouvoir de la connaissance et de la compétence. L'enfant est émerveillé par l'ampleur du savoir de ses parents et leur capacité de comprendre ce qu'il ne fait que découvrir. Il attend, de leur part, des réponses aux multiples questions qu'il se pose et, souvent, ils sont en mesure de les prodiguer ou bien savent cacher leur ignorance. Ils sont considérés comme de véritables experts de ce monde si complexe.

Le pouvoir de légitimité. Aux yeux de l'enfant, le statut de parent peut constituer en lui-même un élément suffisant pour agir de telle ou telle manière. Même s'il n'aime pas les directives qu'il reçoit, il se sent dans l'obligation de s'exécuter. Par principe, il doit le respect au parent.

Le pouvoir de référence. Le parent exerce une attraction énorme sur ses enfants. Le garçon s'identifie à son père et la fille à sa mère. Il veut porter ses vêtements pour être « comme papa », et elle se maquille pour être « comme maman ». Ce pouvoir vient des qualités que l'enfant perçoit chez son parent et qu'il cherche à s'accaparer. Le père ou la mère ne sont pas toujours conscients de ce pouvoir dont l'ampleur va s'exprimer par son impact dans les situations de désaccord.

Mais, nous l'avons signalé, l'enfant a également du pouvoir sur ses parents. En effet, ces derniers ont besoin de sentir qu'ils sont aimés et qu'ils sont compétents dans leur métier de parents. De même, l'enfant, en grandissant, acquiert une indépendance à l'égard de ses parents dans la satisfaction de ses besoins.

Nous sommes donc en présence d'une situation où il y a *interdépendance*, même si l'équilibre des pouvoirs peut, à certains moments de la vie, pencher en faveur du parent.

Il convient donc de manier ce pouvoir avec beaucoup de précautions, d'autant plus que l'observation en a révélé certains paradoxes[1].

Utiliser son pouvoir le diminue. Si l'enfant a l'impression d'être l'objet d'une coercition permanente, il sera impatient de voir le moment où il pourra se libérer du joug parental. Dès qu'il sera moins démuni, il se détournera de ses parents. L'enfant va contester, rejeter toute forme d'oppression et se révolter. Il va fuguer (réduction du pouvoir parental) ou échouer à l'école (punir les parents tout en se punissant). Il va se tourner vers d'autres sources de communication. Le fossé entre les parents et l'enfant se creusera et, de ce fait, les parents auront de moins en moins d'influence sur sa conduite.

Avoir moins de pouvoir peut conférer un avantage tactique. Dans l'affaire des otages français au Liban, avez-vous imaginé un seul instant que la France, puissance nucléaire, pouvait larguer une bombe atomique sur les hezbollahs qui détenaient les otages à Beyrouth ?

Le parent peut-il jeter son enfant par la fenêtre ? C'est justement la faiblesse de votre enfant qui vous oblige à modifier votre manière d'agir.

Pour avoir du pouvoir, il faut commencer par donner. Quand les parents prodiguent des faveurs ou créent des besoins, l'enfant devient dépendant d'eux. Et tant qu'il sera dépendant, le parent conservera son impact sur lui.

1. S. Bacharah et E. Lawler, « Power Dependance and Power Paradoxes in Bargaining », *Negotiation Journal*, vol. 2, n° 2, avril 1986.

Il est donc nécessaire d'avoir une vision dynamique de la relation parent-enfant, c'est-à-dire la projeter dans le temps. Plus que tout, ici, c'est le long terme qui prime, et non le court terme.

L'usage abusif du pouvoir ou de l'autorité va à l'encontre de votre but. Vous qui voulez aider vos enfants à devenir autonomes, capables de s'affirmer, de s'assumer et d'être confiants en leurs possibilités, vous vous retrouvez alors face à des enfants soumis, dépendants, vivant dans la crainte et l'anxiété [1]. En confondant la nécessité de fixer des limites avec l'autoritarisme, vous abusez de votre pouvoir.

En fait, ce qui est fascinant à nos yeux, c'est d'apporter la réponse à la question que peu de gens se posent : « Comment obtenir de l'enfant ce que je désire sans user de mon pouvoir, alors qu'a priori j'en ai plus que lui ? »

Négocier plutôt qu'imposer est la garantie d'une meilleure stabilité des accords.

5. Les moyens favorisant la coopération

La négociation est destinée à favoriser la collaboration et la coopération chez l'autre.

Malheureusement, une grande partie des échecs proviennent d'idées reçues sur la manière d'y parvenir. Nous allons décrire successivement les six idées reçues les plus répandues ainsi que les huit confusions les plus courantes à propos de la négociation.

LES SIX IDÉES REÇUES LES PLUS RÉPANDUES :

Le gâteau serait limité une fois pour toutes. Ce que l'un gagne, l'autre le perd forcément. Les ressources (argent, temps, nourriture...) sont donc inexorablement limitées.

1. Roger Fisher et Scott Brown, *D'une bonne relation à une négociation réussie*, Ed. du Seuil, 1991.

Un conflit doit se solder par un gagnant et un perdant. C'est un jeu à somme nulle.

Si je suis guidé par cette hypothèse, il est légitime que je cherche à être moi-même le gagnant et vous le perdant ; ce qui m'amène à vouloir me protéger en permanence.

Une solution gagnant-gagnant serait toujours possible. A l'autre extrême, certains idéalistes pensent être toujours en mesure de trouver une solution où tout le monde gagne. Malheureusement, les intérêts peuvent être parfois contradictoires. La réalité est faite de compétition et de coopération, et il est impossible de supprimer l'une des deux composantes. Il s'agit simplement d'apprendre à mieux gérer la tension qu'elles suscitent.

Il serait nécessaire d'adopter des positions extrêmes. Avec la première hypothèse à l'esprit, chacun va s'efforcer de partir de positions extrêmes en réclamant le maximum et chercher à les défendre, bec et ongles, dans l'espoir que l'autre sera le premier à fléchir.

Le parent, écoutant la sagesse populaire, « si tu leur donnes un doigt, ils te réclament tout le bras », va exiger beaucoup ou proposer peu.

L'enfant, habitué à ce genre de traitement, va systématiquement prendre le contre-pied : s'il veut bien rentrer à minuit, il demandera une permission jusqu'à 2 heures du matin ; s'il a besoin de 50 francs, il va commencer par en réclamer 100 ; s'il veut passer l'après-midi à jouer avec un copain, il exprimera le souhait de dormir aussi chez lui...

Il faudrait procéder par échange de concessions. C'est l'une des erreurs les plus répandues. Puisque le gâteau est limité, puisqu'il faut partir de positions extrêmes, la seule manière de progresser vers une éventuelle solution est d'exiger des concessions en se montrant soi-même disposé à en faire.

Or, ce qu'on oublie souvent, c'est que le fondement de cette approche est de tromper l'autre sur ses besoins et ses exigences. A ce jeu, on finit par attendre très longtemps, car personne n'aime faire des concessions uniquement pour satisfaire la volonté de quelqu'un d'autre. Et, dès qu'une concession est faite, elle en appelle une autre. Puis, une fois parvenu à l'accord, comment être sûr que c'est le bon ? Sur quoi fonder la justification de son bien-fondé ? Et surtout, comment être encore crédible la fois suivante ?

Il faudrait porter un masque. Puisqu'il s'agit d'une partie de poker menteur, le gagnant est évidemment celui qui saura le mieux cacher ses émotions et ses sentiments.

Pour les adeptes de cette approche, le bon négociateur se doit de rester serein et impassible. Mais à quel prix ? Vous parle-t-on de son ulcère à l'estomac ?

Il faudrait utiliser des processus manipulatoires. A force de bétonner ses positions et de tromper l'autre, on se rend vite compte que seuls les processus manipulatoires permettront de remporter la victoire.

Il conviendra donc d'être plus rusé que l'interlocuteur. Il est de bon ton d'exercer des pressions pour le faire plier, de distiller de fausses informations, d'user d'attaques personnelles pour le déstabiliser, de recourir à la provocation pour lui faire perdre ses moyens, de truquer et de dissimuler pour l'empêcher d'y voir clair.

Malheureusement, dans le cadre d'une relation suivie, ces manœuvres finissent toujours par produire, à terme et dès qu'elles sont démasquées, l'effet contraire.

Ces idées reçues sont amplifiées par plusieurs confusions quant à la nature de la négociation.

LES HUIT CONFUSIONS LES PLUS COURANTES :

Une table de négociation serait un champ de bataille. Dans l'esprit de beaucoup, négocier est encore associé au duel et au combat. Est-ce un résidu de l'héritage d'origine, quand l'enfant aspire à occuper la place du parent de même sexe, le garçon celle du père et la fille celle de la mère ? S'agit-il des séquelles du système scolaire, privilégiant les premiers de la classe, ou du modèle sportif survalorisé, avec la nécessité d'un gagnant et d'un perdant ? Ou est-ce l'absolue nécessité de se réaliser sur le plan professionnel qui condamne à la réussite, quitte à écraser les autres ? Si tout semble mis en place pour exacerber la compétition et justifier l'épreuve de force dans la résolution des différends, peut-il en être autrement ? Oui, car la négociation n'est ni un moyen destiné à punir l'autre, ni une manière de lui faire supporter le plus de dégâts possible. Votre enfant n'est pas l'ennemi, et vous, vous n'êtes pas le bras armé de Dieu.

Alors, citoyens, rangez vos armes et vos armures.

Etre en désaccord impliquerait d'être désagréable. Dès qu'un désaccord apparaît, la tension monte et l'émotion vous envahit. La communication, nourrie par des préjugés multiples, est alors chargée de reproches, de procès d'intention et d'attaques personnelles. Pour s'assurer la victoire sur l'autre, considéré comme responsable de la situation, on va user de paroles blessantes. On cherche à le diminuer. Dès lors, l'autre va se défendre et riposter, et la spirale infernale attaque/défense/attaque va se mettre en place. Vous avez réussi à le mettre dans la position la plus défavorable pour écouter votre point de vue et, éventuellement, l'admettre.

Il vaut mieux dire : « Je suis déçu que tu aies ramené la voiture avec deux heures de retard » plutôt que « Tu es un irresponsable » ; ou « Le bruit me gêne et j'aimerais être tranquille » plutôt que « Tu es infernal et tu ne sais pas te tenir ».

Les désaccords sont inévitables, ne les rendez pas plus difficiles en étant désagréable.

Comprendre le point de vue de l'autre équivaudrait à y adhérer. Face à des conduites considérées comme intolérables, à quoi bon chercher à comprendre ce qui les motive ? Pour beaucoup, il suffit d'évoquer l'idée de compréhension pour les révolter et les rebuter, tant l'attitude de rejet leur paraît légitime. En fait, cela cache une crainte qui n'ose dire son nom : à écouter l'autre, je risque de me laisser influencer. Or la compréhension de la vision de l'autre n'est pas forcément synonyme d'adhésion.

Par contre, l'ignorer, c'est naviguer, à coup sûr, dans un brouillard épais et obscur ; c'est la certitude d'engager des actions qui resteront des coups d'épée dans l'eau. C'est s'entêter à vouloir rechercher ses clés sous un réverbère sous prétexte qu'à cet endroit il y a de la lumière.

Quelle chance ai-je de modifier les choix de quelqu'un si j'ignore les motivations qui les déterminent ?

Alors, soyez perméable sans vous laisser noyer.

Faire confiance nécessiterait d'être crédule[1]. C'est une évidence qu'instaurer un climat de confiance est favorable à la résolution des différends. Mais accorder aveuglément sa confiance conduit inévitablement à la désillusion et au conflit. Les enfants ont besoin de règles et de surveillance. Vous ne laisserez pas votre fils de six ans seul au volant, avec le moteur qui tourne, si vous savez qu'il adore conduire. Si votre fille ne rentre pas à l'heure prévue, votre réaction ne saurait être identique selon qu'elle a quatorze ou dix-huit ans.

Faut-il, à l'inverse, sombrer dans une méfiance excessive ? Si, pour les préserver de tout danger, vous faites tout à leur place, vous risquez de les priver de l'apprentissage de l'autonomie et du sens des responsabilités. « Refuser la confiance à l'enfant le rend moins fiable[2] », car vous pou-

1. R. Fisher et S. Brown, *op. cit.*
2. *Ibid.*

vez ainsi le blesser dans sa propre estime ou le décourager d'entreprendre et de prendre des risques.

Même si les enfants inventent des histoires, le parent doit s'interdire d'en faire autant pour préserver son autorité et continuer à apparaître comme quelqu'un de sûr.

Ne soyez ni soupçonneux ni crédule ; être sur vos gardes ne veut pas dire vous barricader.

Maintenir le dialogue serait approuver la conduite. Une approche courante, pour montrer sa désapprobation face à un comportement, est de rompre la communication avec l'autre. Le parent craint que son enfant n'interprète le maintien des échanges comme une approbation. La rupture peut alors aller de la consignation de son enfant dans sa chambre à « Je ne te parlerai plus tant que tu sortiras avec ce garçon ». L'enfant ou l'adolescent peut lui aussi choisir de s'enfermer dans sa chambre. Chacun cherche à punir l'autre dans l'espoir que ce dernier fera un geste.

Si ce modèle de relations familiales, appris dès la tendre enfance, se répète souvent et « réussit », le futur adulte est promis à de sérieuses difficultés. Le problème se reposera souvent en termes d'initiatives à prendre afin de renouer les fils du dialogue.

Or, pour obtenir satisfaction d'une partie de vos préoccupations, vous avez besoin de la collaboration de votre enfant. Comment lui faire passer votre message, faire avancer votre point de vue, si votre relation est rompue ? Les murs ne vous renverront jamais plus que l'écho de votre voix. Maintenir le contact est le plus sûr moyen de faire valoir vos arguments. Regardez votre enfant droit dans les yeux, tenez-le par la main et dites-lui sur un ton très ferme : « Je suis très mécontent de te voir sortir de plus en plus tard sans prévenir, car, chaque fois, ta mère et moi nous sommes angoissés. »

Il n'est pas nécessaire de se fâcher avec quelqu'un pour bien marquer son désaccord avec son comportement.

Continuez à dialoguer même si vous désapprouvez.

Etre honnête serait être naïf. Les approches classiques de la négociation puisent leurs fondements dans l'art de la guerre aussi bien d'origine occidentale avec Clausewitz qu'orientale avec Sun Tzu.

Qu'il s'agisse de rétention d'information, de désinformation ou de mauvaises informations, toutes ces manœuvres ont pour but de brouiller les pistes et de tromper l'ennemi.

Malheureusement, dans un processus de résolution de problèmes, ces tactiques ont aussi pour conséquence d'empêcher l'autre de saisir vos besoins. Ce faisant, vous vous privez, en retour, des idées de solutions qu'il peut avoir quant au différend qui vous oppose.

De cette analyse découle logiquement le principe qu'il est bon pour sa propre cause de donner des informations sur soi, sur ses véritables besoins et sur ses préoccupations.

Mais attention, dévoiler ses intérêts ne signifie aucunement qu'il convient de tout divulguer. Certaines informations peuvent se retourner contre vous et vous nuire, même face à un négociateur constructif. Dire que vous avez le couteau sous la gorge est généralement à déconseiller. Sauf, dans une guerre s'il s'agit de faire croire à l'autre que vous êtes faible et ainsi l'inciter à attaquer, et donc à se découvrir, au moment de votre choix. Entre tout dévoiler et ne rien dire, vous avez de la marge.

Alors, soyez honnête sans pour autant être naïf.

Changer de position serait faire machine arrière. Sur un voilier, tirer un bord permet de changer de direction sans pour autant renoncer à son cap. Quand l'enfant campe sur une position, il cherche ainsi à satisfaire un intérêt. Tout l'art du parent va consister, si cette position ne lui convient pas, à montrer à son rejeton qu'il existe d'autres moyens de parvenir à ses fins. L'enfant n'aura pas capitulé pour autant.

Votre fils ne veut pas déjeuner à la maison mais au MacDo, et vous, vous n'avez pas le temps de l'y emmener. Essayer de comprendre la raison de son insistance vous permettra peut-être de découvrir qu'il y tient surtout pour le cadeau offert. Dès lors, une autre solution pourrait faire l'affaire : offrez-lui un magazine qui propose ce genre de choses.

Aidez-le à vivre l'abandon de sa position non comme un camouflet ou une reculade, mais comme un moyen sûr de mieux faire avancer ses intérêts.

Changez de perspective pour changer de position.

Ramener l'autre à la raison nécessiterait de le mettre à genoux[1]. Si la négociation n'est pas un duel, si l'autre n'est pas l'ennemi, si la partie qui se joue ne se confond pas avec un jeu d'échecs, le but poursuivi ne peut être alors de triompher au détriment de l'enfant.

Si l'enfant perçoit derrière votre attitude la volonté de le vaincre, il opposera une résistance farouche à vos arguments pour éviter la défaite. Car ce serait alors plier que d'admettre son erreur éventuelle. Vous ne voulez pas lui montrer qu'il a tort et vous, raison. Votre but, c'est de le ramener à la raison.

Si vous lui tendez la main, c'est pour l'aider à traverser et non pour l'enfoncer. Négocier n'est pas synonyme de capituler.

Après avoir mis en évidence certaines des causes qui poussent les parents à recourir à des stratégies inefficaces, donc à des résultats médiocres, la question est maintenant de savoir comment obtenir un changement de comportement dans des situations similaires sans passer ni par la

1. William Ury, *Getting Past No. Negotiating With Difficult People*, Bantam, 1991, trad. française à paraître aux Ed. du Seuil.

soumission de l'enfant ni par la démission des parents. Les problèmes soulevés alors sont nombreux :

- Si les conflits sont inévitables, comment éviter que les désaccords et la manière de les résoudre ne creusent un fossé entre vous et votre enfant ?
- Comment ne pas vous aliéner plus tard votre enfant ?
- Comment l'amener à changer de point de vue tout en sauvegardant son amour-propre (sans lui faire perdre la face) ?
- Comment sortir de l'impasse sans vous imposer par la force quand l'enfant reste figé sur ses positions ?
- Comment concilier ce qui paraît être des intérêts divergents ?

Oui, il existe d'autres types de solutions auxquels vous avez recours, parfois sans vous en rendre compte, qui apportent pleinement satisfaction aux deux parties ou, du moins, ne les laissent pas en plus mauvaise posture qu'avant.

Oui, il y a moyen d'amener l'enfant à partager votre point de vue autrement que par la force, en prenant le sien en compte, et d'être satisfaits tous les deux.

Par quelles méthodes obtenir ce que vous souhaitez sans abuser de votre pouvoir, sans manipuler votre enfant ? Comment mettre ces approches en pratique ? Ces méthodes s'appliquent-elles à tous et à toutes les situations ?

Ce sont ces moyens concrets et pratiques et leur mise en œuvre dans les situations de conflits réels ou apparents que nous allons maintenant traiter.

IV.
Une bonne réponse : la recherche de gains mutuels

> La grande casserole peut contenir la petite casserole et pas l'inverse (proverbe oriental).

Stratégie et méthodes du parent négociateur

Nous vous proposons de découvrir une autre approche de résolution des différends, celle du parent négociateur. En la pratiquant dès aujourd'hui avec vos enfants, vous allez, par *la force de l'exemple*, leur donner la possibilité de découvrir, et plus tard d'appliquer, un autre modèle de résolution des conflits, plus créatif, plus constructif, et donc plus efficace. Vous leur rendrez ainsi un sacré service pour leur avenir. N'est-ce pas là votre but ?

Le parent négociateur va s'efforcer de *transformer le face à face en problème à résoudre ensemble :* prendre le temps de s'asseoir, de parler, de dialoguer, d'écouter, de ne jamais rompre la communication, de trouver des objets différents et évalués différemment par les parties, de les lier entre eux, de trouver des compensations et de s'ingénier à trouver des portes de sortie honorables.

A priori, quoi de plus simple que l'idée de s'asseoir à une table et de discuter en utilisant un nombre d'outils et d'approches permettant de parvenir à un accord négocié mutuellement satisfaisant ? Mais imaginez le nombre de questions à résoudre avant de parvenir à un début de réalisation.

L'enfant négocie avec ses parents : « Dis, maman, t'as pas 100 balles ? »

Quand le nourrisson jette son hochet hors du berceau, il cherche à mesurer l'influence qu'il a sur ses parents et le monde qui l'entoure. Il veut découvrir jusqu'où il peut aller et les conséquences de ses actes. Dès qu'il fait la corrélation entre pleurer et une plus grande attention de la part de ses parents, nous pouvons dire qu'il a commencé à apprendre l'art de la négociation. Plus tard, adolescent, quand il veut sortir tard, avoir telle fréquentation ou acheter une moto, il va également négocier : « Dis, papa, t'as pas envie de changer de moto ? »

Un exemple. Ma fille, alors âgée de quatre ans, ne voulait pas aller à l'école et cherchait à me convaincre : « Papa, il y a beaucoup de soleil aujourd'hui, et je vais devenir marron (bronzée) très vite. Tu m'as toujours dit que c'était pas bien de rester longtemps au soleil, hein papa ? Donc, il ne faut pas que j'aille à l'école aujourd'hui. »

Pour me convaincre, ma fille utilisait plusieurs principes éprouvés en matière de négociation et de persuasion. Elle procédait par *déduction* et construisait ainsi d'une façon démonstrative son argumentation. Ensuite, elle s'appuyait sur une recommandation que tout parent donne à ses enfants quant à l'exposition prolongée au soleil. De la sorte, elle me montrait que j'étais, en l'écoutant, *en cohérence avec mes propres principes* précédemment énoncés.

Les enfants, conscients de leur faiblesse, recourent intuitivement à la négociation pour obtenir de leurs parents ce qu'ils désirent. Ils ont vite compris que le rapport de force leur était souvent défavorable et qu'il leur était difficile de s'imposer par ce moyen. La persuasion leur apparaît rapidement comme un moyen plus approprié pour convaincre.

J'ai compris un jour que ma petite fille avait recours, d'une manière intuitive, à une pratique utilisée par des négociateurs chevronnés. Quand elle veut s'adresser à moi ou à mon épouse, elle commence souvent sa phrase par « Papa, maman, j'ai quelque chose à vous dire... » et, immanquablement, elle obtient notre attention, même si nous sommes occupés par autre chose. Une étude menée par un éminent spécialiste de la négociation, Neil Rakham, a montré que les négociateurs avaient recours à la *caractérisation*. Ce processus consiste à commencer ainsi son discours : « J'ai une question à vous poser... », « J'ai une idée à vous soumettre... », « J'aimerais reformuler ce que vous venez de dire pour m'assurer que j'ai bien compris... » Les avantages de cette pratique sont de capter l'écoute et

l'attention de votre interlocuteur et de vous permettre de disposer de quelques secondes supplémentaires pour structurer votre discours.

Une autre variante utilisée par notre fille : « Papa, j'aurai quelque chose à te dire quand tu seras plus tranquille. » Comment lui résister quand elle est si prévenante ?

Mais, le plus souvent, vos enfants vont recourir aux procédés que vous utilisez avec eux. Rappelez-vous, vous êtes leur modèle et leur exemple.

Nous avons toujours été frappés par l'aisance avec laquelle notre fille de cinq ans reprenait à son compte nos propres modes d'expression : « Je veux ma glace tout de suite, j'ai dit. »

Quand, après avoir subi un refus, les enfants pleurent et boudent tout en levant de temps en temps les yeux pour vous regarder, que font-ils d'autres, à ces moments, qu'exercer une *pression psychologique* sur vous ?

Quand des expressions du style « Si tu ne me donnes pas une glace, tu n'es plus mon papa », vous sont assenées, ne s'agit-il pas là d'un *chantage affectif* en bonne et due forme ?

Quand ils vous mentent effrontément en répondant à votre question par « Je ne sais pas », alors qu'ils savent que vous savez que ce n'est pas vrai, n'est-ce pas là une des formes les plus communes de la *mauvaise foi* ?

Quand, pris par un accès d'agressivité à votre égard, ils se précipitent sur vous pour vous frapper, ne testent-ils pas la *violence physique* comme moyen de vous convaincre ?

Est-il surprenant qu'ils essaient à leur tour ces pratiques destinées à les faire fléchir ? Si ça marche dans un sens, pourquoi pas dans l'autre ? Alors, attention, ne soyez pas l'arroseur arrosé ; la victime, en différé, de vos propres procédés.

Les buts du parent négociateur

> Dans un vieux conte, on demande à deux tailleurs de pierre ce qu'ils font :
> – Je taille des pierres pour gagner ma vie, répond le premier.
> – Je construis une cathédrale, enchaîne le second en levant la tête vers le ciel.

La différence entre un parent efficace et les autres, ce sont les quelques minutes qu'il investit pour réfléchir à son objectif avant d'agir.

La relation parent-enfant est faite pour durer. Le but de tout parent doit être de faire en sorte que cette relation fonctionne bien tant qu'elle durera. Il faut donc privilégier une approche fondée sur l'acceptation plutôt que sur l'affrontement : « Bâtir une relation ne consiste pas à adopter une résolution utilisant un langage approprié et la voter pour l'oublier aussitôt. La relation, c'est comme un jardin : il change tout le temps, il a besoin d'attention permanente, sinon il tombera en friche[1]. »

A partir de ces prémisses, nous le rappelons, les buts que vous pouvez vous fixer peuvent être :

– trouver une solution mutuellement acceptable et non pas remporter une victoire ;

– développer l'autonomie et la capacité de vos enfants de se prendre en charge : les aider à être des adultes responsables ;

– renforcer leur amour-propre, leur donner confiance en eux-mêmes et les convaincre de leur valeur personnelle ;

– aider votre enfant à appuyer ses actions sur sa propre réflexion, etc.

Apprendre à négocier avec votre enfant permettra de

1. R. Fisher et S. Brown, *op. cit.*

satisfaire vos intérêts de parents sans briser sa volonté d'agir. C'est un objectif évident. Il convient, tout d'abord, de définir ce qu'est la négociation.

Définition de la négociation. Bien souvent, les gens pensent que négocier, c'est amener l'autre à agir contre son gré. C'est une erreur de fond qui les conduit souvent à des impasses. Nous vous proposons une autre définition qui nous permettra de mettre au jour la stratégie d'approche du parent négociateur fondée sur la recherche de gains mutuels :

La négociation est une communication destinée à inventer de nouveaux choix pour gérer un différend ou sortir d'un blocage dans une situation où il y a des intérêts communs et des intérêts opposés. Le résultat doit permettre de préserver la relation et être plus avantageux que le coût du conflit.

LES CINQ ÉTAPES DE L'APPROCHE DES GAINS MUTUELS :

Première étape : chercher la désescalade

Quand vous êtes seul et en colère, les murs ne vous renvoient généralement que l'écho de votre propre voix. Rapidement, vous cessez de crier, faute de répondant.

Pour que l'escalade se mette en place, il est nécessaire d'être au moins deux. Chacun prend position, la défend bec et ongles, attaque les fondements de celle de l'autre, puis finit par attaquer la personne.

Le parent à son enfant : « Tu es un imbécile » ou « Pourquoi es-tu incapable de comprendre ? », à quoi l'enfant répond : « Tu es méchante avec moi » ou « Pourquoi les parents cherchent-ils toujours à avoir le dernier mot ? »

La spirale infernale attaque-défense-justification-attaque se met rapidement en place. Elle alimente la charge émotionnelle, assombrit l'horizon de la raison jusqu'à faire perdre de vue la relativité des enjeux. Alors, comment éviter d'envenimer le débat, désamorcer la tension et calmer le jeu, renverser le processus ?

Comprenez d'abord, même si vous êtes persuadé de ne pas être à l'origine du problème, que votre réaction de parent alimente tout autant la machine de l'escalade.

Comprenez ensuite deux paradoxes militant en faveur de la poursuite du conflit pour être en mesure de les dépasser :

• *Le premier*, universel, est relatif à la crainte de la défaite ressentie par tout un chacun, compte tenu de l'humiliation qui s'ensuit. Dans l'approche classique de résolution des différends, le conflit doit forcément se solder par la défaite d'une des parties. Dès lors, l'une ou l'autre peut préférer entretenir le conflit plutôt que de chercher à en finir.

Or, nous le rappelons, le but de la négociation n'est pas de déclarer un vainqueur et un vaincu. Le parent négociateur doit y voir un moyen d'imaginer une porte de sortie honorable pour son enfant. Il faut l'aider à sauver la face. C'est à cette condition que ce dernier peut être amené à accepter que le conflit cesse.

• *Le deuxième paradoxe* est relatif au coût encouru par le conflit. A mesure que celui-ci augmente, la tentation est forte de chercher à repousser l'échéance finale. Tant que l'accord qui se dessine ne donne pas la perspective de compenser ce coût, la motivation de s'y engager est faible. En effet, la perte subie l'aura été pour rien. C'est un piège classique d'escalade que les spécialistes appellent « Je me suis déjà trop engagé pour faire marche arrière ».

Un adolescent qui omet de prévenir ses parents de son retard aura de plus en plus de mal à rentrer à la maison à mesure que le temps passe. C'est ce qui vous arrive quand vous hésitez à raccrocher le téléphone une fois que la standardiste vous a proposé de patienter et que vous avez accepté. Vous supportez de plus en plus mal l'attente, mais, en même temps, les minutes déjà dépensées à attendre vous poussent à rester en ligne.

Or, pour inverser la vapeur, il suffit qu'une des parties cesse de jouer le jeu habituel. Inspirez-vous du proverbe oriental : « La grande casserole peut contenir la petite. » Il vous appartient, en tant que parents, d'agir *unilatéralement* dans ce sens. Pour ce faire, plusieurs moyens peuvent être mis en œuvre :

En premier lieu, éviter soi-même d'alimenter l'escalade. Face à la position de l'adolescent : « Je veux sortir », ne prenez pas une position symétriquement opposée : « Tu resteras à la maison. » C'est un générateur de tension garanti.

Si, face à l'attaque de votre enfant, vous contre-attaquez, votre réaction est bien celle que vous lui reprochez. L'agressivité entraîne généralement l'agressivité. Ne pas y répondre permet à l'autre de se défouler et de se calmer.

Si elles ne rencontrent pas d'obstacles, il ne reste, même des plus grosses vagues, qu'un peu d'écume une fois qu'elles ont échoué sur le rivage.

En second lieu, attendre que la pression engendrée par l'émotion soit tombée. En effet, il s'agit d'un moment où l'enfant se sent fragile.

Si vous essayez de le raisonner, il va opposer une résistance farouche et se murer encore davantage dans ses positions. Cela finit souvent par vous mettre en colère ou vous irriter. Vous devenez alors la proie facile de vos émotions et finalement vous réagissez, parachevant de précipiter le conflit vers l'impasse. Il ne vous reste plus alors que les dix stratégies inappropriées décrites plus haut et vos yeux pour pleurer.

Enfin, apprenez à vous « désensibiliser ». S'il est vrai que vous n'êtes pas un robot, vous avez par contre la fâcheuse tendance à démarrer au quart de tour. Chacun a ses points sensibles, et les enfants repèrent rapidement là où ça fait mal. Vous voilà transformé en marionnette prisonnière de ses vieux réflexes, manipulable à souhait et donc vulnérable. Mais vous remarquerez que cela n'est pas vrai tout le temps. Par ailleurs, vous n'avez pas la même sensibilité que votre conjoint. Ce qui blesse l'un ne blesse pas l'autre, et inversement.

Pour cesser d'être la victime de vos réactions émotionnelles et arrêter d'alimenter la machine infernale de l'escalade, il convient donc :

– *d'identifier vos zones de haute tension :* elles ressemblent aux « touches » d'une machine sur lesquelles il suffit d'appuyer pour obtenir l'effet désiré. C'est un effort systématique de repérage à effectuer sur plusieurs jours. Au premier abord, cela peut sembler ardu, mais vous en serez rapidement récompensé. Un mari peut faire sortir systématiquement sa femme de ses gonds en disant : « En agissant de la sorte, tu me fais penser à ta mère. » Une participante reconnaît que sa fille obtient gain de cause en la culpabilisant : « Je sais ce que tu veux, que je meurs pour te débarrasser de moi. Là, tu seras contente » ;

– *de vous entraîner ensuite à les « désensibiliser » :* il ne s'agit pas de vous dévitaliser comme une dent dont on arrache le nerf, mais d'arriver plutôt à vous dédoubler et à vous dissocier de ce qui vous fait réagir. Pour désamorcer ces automatismes et parvenir à garder sa sérénité, il faut s'entraîner à entendre et à réentendre aussi souvent que nécessaire le mot qui tue ou la phrase qui assassine. Demandez l'aide de votre conjoint, qui se fera un plaisir de vous l'assener, avec votre accord cette fois.

Une autre manière consiste à utiliser la résistance de l'enfant. Cette approche fait partie des *interventions paradoxales* qui sont décrites dans la deuxième partie de ce livre.

Généralement, face à la résistance, nous décuplons la force exercée pour la faire céder. Cela, hélas, produit la plupart du temps l'effet inverse de celui désiré. Utiliser la résistance, c'est aller dans le même sens que celle-ci. Par exemple, au lieu de dire, comme il est courant : « Tu mangeras ce que j'ai préparé », adoptez la même position que l'enfant et dites d'un ton neutre : « D'accord, ne mange pas » ou « Ne mets pas ton pull ». Vous pouvez même aller jusqu'à lui interdire carrément de manger et l'inciter ainsi à transgresser l'interdit : « Il n'est pas question de te laisser manger ce bon yaourt. »

S'il est dans sa *phase d'opposition* systématique, il mangera, ne serait-ce que pour se retrouver en désaccord avec vous.

On raconte qu'un paysan cherchait en vain à faire entrer son âne dans la grange. Ce dernier, obstiné, restait bloqué et refusait d'avancer. Et le paysan tirait, poussait... En vain. Finalement, il accepta d'appliquer la proposition d'un petit garçon qui avait observé la scène. Il tira sur la queue de l'âne dans le sens de la sortie... et l'âne, à sa grande surprise, entra !

Gardons présent à l'esprit que l'objectif n'est pas de marquer des points mais de briser la spirale infernale d'escalade fondée sur des actions et des réactions en retour.

Deuxième étape : d'abord comprendre son enfant avant de chercher à s'en faire comprendre

> « Mais comment faire si l'on vise à changer l'opinion de quelqu'un ? La règle des règles est que vous commenciez en partant de son opinion à lui, et non de la vôtre. »
>
> Alain

Parler et écouter : voilà sur quoi se fonde la communication. Bien entendu, la tentation majeure est de vouloir accaparer systématiquement la parole pour argumenter son point de vue, défendre ses positions et chercher à persuader l'autre. Chacun exige donc d'être compris d'abord, pensant ainsi éviter l'inadmissible : reconnaître qu'il a tort.

Ni vous ni votre enfant n'aimez rencontrer cette éventualité. Personne n'aime s'infliger pareille défaite.

Or, nous l'avons vu plus haut, comprendre l'autre ne signifie pas forcément adhérer à son point de vue. Cette confusion très courante freine toute velléité d'ouverture, réduit le champ de la créativité et ferme les accès à des solutions nouvelles.

Pour que votre enfant veuille bien entrouvrir une fenêtre vers son monde intérieur et vous permettre ainsi de mieux le comprendre, montrez votre propre esprit d'ouverture.

Il s'agit donc d'inverser la tendance naturelle en se montrant déterminé à comprendre son enfant. *Acheter d'abord son message avant de vendre le vôtre* permet de résoudre convenablement le conflit sans laisser personne sur le carreau, c'est-à-dire en préservant la relation. Pour y parvenir :

1. Peaufinez votre diagnostic : vous risquerez moins de vous tromper de solution. Le remède sera d'autant plus efficace qu'il sera adapté à la situation. En effet, quelle chance avez-vous de modifier le point de vue de votre enfant si vous ignorez sur quoi il le fonde ? Vos tentatives resteront des coups d'épée dans l'eau, car vous agirez dans le brouillard le plus complet.

2. N'attaquez pas les positions de votre enfant, mais cherchez à les comprendre : vous créerez un climat propice à l'échange. Se sentant moins menacé et donc moins en danger de perdre la face, il aura plus tendance à relâcher ses positions figées et à réduire sa résistance. Le gain en souplesse qui en découlera aura pour conséquence immédiate d'accroître la probabilité d'apparition d'autres solutions potentielles mutuellement favorables.

3. Montrez que vous cherchez à comprendre d'abord votre enfant : vous lui indiquerez que vous êtes disposé à

être influencé par son point de vue. Qui plus est, en matière de communication, il n'y a pas plus persuasif que de se montrer ouvert à la persuasion. Paradoxalement, cela augmente votre pouvoir d'influence sur la relation. Vous pourrez alors plus facilement l'inciter à participer à l'invention d'une nouvelle option. Sa coopération véritable sera pour vous un gage de succès dans votre entreprise.

4. Enfin, le climat positif créé engendre la confiance. Elle va faciliter la communication et accélérer la découverte du non-dit. Un gain sensible de temps en est une des conséquences non négligeables.

Deux techniques vont constituer votre boîte à outils de parent négociateur : le questionnement et l'écoute active.

Le questionnement

C'est un art en soi. Comme il s'agit d'explorer et donc d'ouvrir le débat, vous voulez vous servir d'un mode d'interrogation qui le favorise. Il s'agit des *questions ouvertes* par opposition aux *questions fermées.*

Les premières commencent souvent par « quelles », « que », « comment », « pourquoi », « quoi » ; les secondes par « est-ce que ? ».

La question ouverte est formulée de manière à laisser l'enfant exprimer son point de vue librement sans influencer, a priori, la réponse. Elle n'incite pas à répondre dans un sens plutôt que dans l'autre. Elle invite à développer son opinion ou à énumérer des raisons ; son champ est large. Elle ne trahit pas l'opinion personnelle du parent sur le sujet. C'est là le secret de son efficacité.

La question fermée, à l'inverse, laisse peu de liberté de réponse à votre enfant. Elle entraîne une réponse du type monosyllabique : « oui », « non », « jamais », « pas du tout ». Elle peut fermer le dialogue et obliger à une autre question, ce qui peut irriter l'autre et contribuer à le fermer davantage, car il se sent alors soumis à un interrogatoire.

La question en relais est un autre type de question permettant de faire préciser l'idée émise par votre enfant, de creuser davantage sa réflexion, d'aller plus loin dans l'exploration de ses mobiles, de passer d'une opinion à un fait. Elle complète la question ouverte et peut se formuler ainsi : « Peux-tu en dire un peu plus ? », « Qu'entends-tu par là ? », « Peux-tu préciser pourquoi, combien, etc. ».

Il est indispensable que votre attitude ne soit pas perçue par votre enfant comme un interrogatoire, voire une mise en accusation, sinon il va se fermer sur lui-même.

L'écoute active

Poser des questions est une technique essentielle, mais écouter est tout aussi indispensable. Il ne suffit pas à l'enfant de s'exprimer, il a besoin d'être assuré que l'adulte l'a compris. Il est nécessaire de lui démontrer concrètement que vous l'avez compris mieux que lui-même. Il a besoin d'entendre, répétés par vous, son point de vue ou ses arguments. Ce n'est qu'à partir de ce moment-là que vous aurez une chance d'être écouté à votre tour.

Malheureusement, l'écoute est l'aptitude la moins partagée sur cette terre et peu de gens savent la pratiquer efficacement. Malgré sa grande utilité, elle ne figure pas encore dans les programmes de nos écoles.

Il existe, schématiquement, quatre niveaux d'écoute exigeant un degré d'effort croissant :

- Le premier consiste à interdire tout simplement l'expression de l'enfant ou à ignorer ce qu'il a à dire. Aucune attention n'est prêtée à son message.
- Dans le deuxième, nous faisons semblant d'écouter sans réellement faire attention à ce qui est dit.
- Etre sélectif est le troisième niveau d'écoute, où seule une partie est entendue et l'autre délibérément ignorée.

• Enfin, écouter pleinement, avec une attention soutenue totale, est le niveau le plus élevé. Tous nos sens sont mobilisés. Nous écoutons non seulement avec nos oreilles, mais également avec nos yeux et notre cœur, en essayant de percevoir les émotions et les sentiments cachés derrière les mots. C'est l'écoute dite « empathique ».

Ecouter consiste à mettre momentanément entre parenthèses ses préjugés et ses certitudes. Se sentant moins menacé et donc moins vulnérable, l'enfant va être encouragé à découvrir ses besoins cachés et à se dévoiler.

Mais si écouter vraiment exige de votre part un grand effort, celui-ci sera vite récompensé. En effet, conscient de vos efforts, votre enfant aura la preuve de l'estime que vous lui portez. Il va en déduire qu'il est quelqu'un d'important et acquérir le sens de sa valeur.

Deux avantages en découleront naturellement : une motivation accrue pour dire des choses intéressantes à propos du problème posé et une disposition plus grande à vous écouter à son tour. C'est un renforcement positif de la relation.

Doit-on en conclure qu'il faut écouter tout le temps et en toutes circonstances ? Bien sûr que non, car c'est impossible. L'effort exigé serait épuisant, et vos enfants n'en attendent pas tant. Dans certaines circonstances, une écoute partielle peut suffire.

Parfois, il est nécessaire de faire preuve de beaucoup de patience. A d'autres moments, seul le silence est à même de donner des résultats. L'écoute empathique n'est qu'un des moyens de faciliter la compréhension.

N'ayons pas l'exigence de la perfection.

Plusieurs moyens s'offrent à vous soit pour montrer à l'enfant que vous l'écoutez vraiment, soit pour éviter de lui montrer un visage de non-écoute.

A faire : la reformulation et l'acquiescement silencieux.

A éviter : lui couper la parole, l'interrompre, sauter du

coq à l'âne, poser les questions sans attendre les réponses, préparer la réponse pendant qu'il parle.

A FAIRE :

La reformulation est un moyen très efficace pour convaincre votre enfant de votre écoute : elle consiste à paraphraser la communication faite par l'autre. Il s'agit de profiter de la fin d'une période, au cours de laquelle l'enfant a exprimé quelque chose, pour reprendre l'idée émise en la reformulant de telle manière qu'il la reconnaisse. Il ne suffit pas d'approuver en répétant « oui » de temps à autre, il s'agit de faire en sorte qu'il comprenne que vous l'avez compris.

Il existe plusieurs types de reformulations :

• *La reformulation écho* est le mode le plus simple. Vous reproduisez ici le contenu même du message. Néanmoins, il est recommandé de ne pas en abuser, car l'attention de votre enfant serait éveillée par la simple répétition, et il ne verrait pas, en fin de compte, la trace de votre effort réel pour le comprendre.

• *La reformulation reflet* prend deux formes : reformuler le contenu en le paraphrasant dans un langage accessible à votre enfant ; refléter les sentiments et les émotions contenus derrière les mots prononcés permet une compréhension encore plus profonde de votre enfant.

• *La reformulation résumée* vise à traduire l'essentiel pour l'enfant. On montre ainsi que l'on a saisi ce qui est fondamental dans ce qu'il a voulu communiquer et cela l'aide à en prendre plus nettement conscience.

Une bonne reformulation se caractérise par :

– *L'accroche*, destinée à montrer que votre communication n'est pas une réponse ou un contre-argument à ce qui a été dit, par exemple : « Si j'ai bien compris... », « Autrement dit... », « Je voudrais m'assurer que j'ai bien saisi... », « Ainsi, selon toi... ».

– *La paraphrase,* qui reflète avec d'autres mots le sens du *contenu* énoncé ou du *sentiment* exprimé, sans prendre parti.

– *Le ton uniforme*, qui s'adoucit et chute vers la fin, évitant ainsi de ressembler au mode interrogatif. Ce dernier peut être bloquant pour l'enfant.

Si l'enfant ratifie – « Oui, c'est ça, tout à fait » – ce que vous avez dit, cela signifie que votre reformulation était la bonne. Généralement, il enchaînera de lui-même en approfondissant sa préoccupation.

L'efficacité de cette technique tient au fait que l'enfant a été habitué à des attitudes différentes de votre part, notamment le jugement, l'évaluation, le soutien, l'interrogation, etc. Sa première réaction va souvent être la surprise associée au soulagement. Cela va l'inciter à poursuivre son effort pour vous faire partager son problème.

S'il vous répond à sa manière : « Non, t'as rien compris, c'est pas ça », il vous donne là une chance de rectifier par touches successives.

Une attitude de compréhension consiste, en premier lieu, à ne pas s'adjuger le droit de forcer la décision. Elle postule que l'enfant possède les ressources nécessaires pour prendre lui-même des décisions susceptibles de résoudre les problèmes. Pendant la reformulation, l'hésitation, la recherche des mots, l'erreur aussi si elle entraîne un ajustement, ne sont pas des défauts mais témoignent de votre effort de compréhension. L'écoute empathique requiert un apprentissage et un entraînement.

L'acquiescement silencieux, un hochement de tête, un léger murmure d'encouragement à continuer, sont des signes tangibles de votre écoute. Le vieil adage dit bien que le silence est d'or. Laissez le flot de paroles, d'émotions se déverser sans tenter de l'arrêter, cela va calmer votre enfant.

A ÉVITER :

Interrompre l'enfant. Il s'agit d'une fâcheuse habitude. Vous lui coupez régulièrement la parole, vous l'arrêtez dans son discours parce que vous êtes pressé ou agacé. Cela engendre l'effet contraire à celui recherché, puisque soit l'enfant mettra alors les bouchées doubles pour essayer de se faire entendre, soit il s'enfermera dans un silence boudeur.

Sauter du coq à l'âne. Passer du sujet du différend à un autre sans rapport évident est, du point de vue de l'enfant, le signe d'une attention insuffisante. Cela peut le vexer et le pousser à se taire.

Poser des questions et ne pas attendre les réponses. C'est la manifestation la plus irritante de non-écoute, car elle est le signe d'une non-considération de l'autre. C'est refuser de reconnaître à l'enfant qu'il puisse exister en dehors de vous, de vos logiques, de vos schémas de pensée, de vos opinions.

Préparer la réponse pendant qu'il parle. Il est impossible de bien saisir le message de l'enfant si, pendant qu'il parle, vous préparez déjà votre réponse. Il est impossible à quiconque d'effectuer ces deux opérations en même temps.

Une fois que l'enfant est assuré d'avoir été compris, il vous appartient alors d'expliquer votre propre point de vue. Il ne s'agit pas, bien entendu, de renoncer à vos préoccupations. Les allers-retours entre comprendre l'enfant et se faire comprendre de lui doivent se poursuivre jusqu'à ce que chacun ait le sentiment que l'essentiel a été entendu. C'est là qu'il devient possible d'inventer des solutions mutuellement avantageuses.

Quelques approches permettent de développer une communication saine et efficace avec vos enfants, c'est-à-dire comment écouter pour les comprendre et leur parler pour qu'ils vous écoutent :

Mettez-vous dans la peau de l'enfant pour comprendre la situation de son point de vue et non du vôtre. Pour vous y aider, vous pouvez vous rappeler les effets et les sentiments générés en vous par une situation identique quand vous étiez enfant. C'est une forme d'identification à lui. Vous pouvez aussi, dans une situation professionnelle, examiner vos réactions face à un traitement identique à celui que vous adoptez à l'égard de votre enfant.

Utilisez une communication claire. Le parent : « J'étais d'accord pour lui acheter une moto s'il réussissait son examen. J'ai compris après coup qu'il se voyait déjà sur un bolide des 24 Heures du Mans, alors que pour moi il ne s'agissait que d'un vélomoteur. »

Synchronisez-vous avec l'enfant :

- *Donnez un ton apaisant à l'échange :* Le langage agit sur l'humeur et les sentiments. Vos paroles doivent donner le ton de la communication. Si vous lui parlez doucement, l'enfant se calme. Si vous criez, cela l'excite davantage.
- *Utilisez ses mots :* En utilisant son langage, aussi bien du point de vue du contenu que du style, vous opérez une forme de recadrage qui lui montre votre effort de compréhension.
- *Mettez-vous en phase avec son attitude et ses gestes :* L'écouter vraiment implique de savoir que les mots ne suffisent pas, que la communication est à 90 % non verbale et gestuelle et qu'il faut donc prendre la peine de l'observer pour pouvoir se mettre à son diapason. Plus il se sent accepté, plus il devient communicatif, et plus il est possible de connaître ses sentiments, car il n'aura pas de peine à vous les dire.

Exprimez vos sentiments et vos émotions sans l'accuser d'en être responsable : le message « je ». Nous l'avions mis au jour et analysé dans les stratégies inefficaces. La répression des sentiments et leur dénégation sont monnaie courante dans les relations parents-enfants.

Dire aux enfants qu'il ne faut pas pleurer, qu'ils ne sont pas tristes, qu'ils n'ont pas mal est une catastrophe. C'est leur apprendre à se faire violence en ignorant ou en méprisant leurs sentiments. C'est les priver d'un moyen de repérage essentiel pour être bien dans leur peau et pouvoir exister pleinement à côté des autres.

L'observation montre que les bons négociateurs expriment toujours leurs sentiments et leurs émotions tout en en restant responsables. Pour y parvenir, ils utilisent le message « je » plutôt que le message « tu ». « Je suis très déçu, car j'espérais que tu allais effectuer cette tâche » ou bien « Je me sens furieux et vexé, car je me suis laissé emporter et je t'ai forcé à manger ».

Alors que, dans la communication au quotidien, la tendance est de mettre l'enfant en cause et le rendre responsable de vos émotions : « Tu me déçois », « Tu m'énerves », « Tu me rends malade », « C'est ta faute ».

Dès que vous commencez par « tu », vous tuez la relation, car l'autre, se sentant attaqué, va se protéger et se défendre. Or est-ce bien quand vous êtes sur la défensive que les autres obtiennent de vous ce qu'ils désirent ?

Si vous exprimez clairement vos émotions, vous encouragerez votre enfant à vous emboîter le pas. Parlez de vous et non de votre enfant, de votre chaumière et non de la sienne.

Reformulez votre perception de ses sentiments. Plutôt que de les nier, il s'agit de donner droit de cité aux émotions qui animent votre enfant. Les nommer, c'est déjà les reconnaître pour mieux les accepter.

Se sentir compris sur le registre des sentiments donne une qualité et une profondeur immenses à l'échange :

« Tu as le sentiment qu'il est inutile de dire ce qui te préoccupe car même papa serait incapable de le comprendre. »

« Pour toi, il est injuste que ta sœur puisse partir en voyage avec sa classe. »

« Tu es gêné de porter le même blouson que l'année dernière. »

Communiquez sur la communication : parler de la forme et non du fond. Expliquez à votre enfant ce que vous essayez de faire. Partagez avec lui vos difficultés à le comprendre. Faites-lui part des techniques que vous mettez en œuvre. Rien qu'à voir vos efforts, même encore maladroits, il sera tenté de vouloir vous donner un petit coup de pouce. Vous n'avez pas besoin de beaucoup plus. « Cela peut te paraître bizarre, mais avant d'aller plus loin, je veux m'assurer que je t'ai bien compris. »

Toutes ces interventions constituent des communications sur la *forme* et les règles du jeu, et ne concernent pas le *fond* de la négociation.

Evitez les messages ambigus et à double sens. Le parent dit : « Sois responsable » (message apparent). – L'enfant entend : « Tu es un irresponsable » (message caché).

Le parent dit : « Sois fort » (message apparent). – L'enfant entend : « Tu es un faible » (message caché).

Evitez les expressions malheureuses. Le parent dit : « Ecoute, maintenant je vais te parler franchement. » – L'enfant entend : « Ah bon ! parce qu'avant tu étais malhonnête avec moi ? »

Evitez les dévalorisations, les attaques personnelles, les mots qui tuent et les phrases qui assassinent : « Tu me rends malade », « Tu es un raté », « Je ne parle pas aux gens de ton espèce », « Tu es impossible avec le bruit que tu fais », « Tu es un bon à rien »... Rabaisser l'autre déclenche très souvent des réponses hostiles, de l'agressivité et en tout cas une fermeture.

Evitez les questions piégées : « Pourquoi est-ce que tu te braques dès que je te parle ? » ou « Pourquoi es-tu sur la défensive ? »

Elles ne peuvent permettre en aucun cas de mieux comprendre la véritable préoccupation de l'enfant.

Evitez les préjugés et les a priori à son égard. Lui montrer que votre jugement sur lui est arrêté définitivement est une forme terrible de rejet et de non-acceptation. Le message sous-jacent est qu'il est sans importance et donc qu'il n'a aucune chance de vous influencer.

Quelques remarques pour conclure :

- Vous pouvez, grâce au type de communication utilisé, soit saboter vos chances d'arriver à vous comprendre, soit rendre votre relation encore plus solide.
- Dans la communication, l'important n'est pas les mots prononcés ou l'intention avouée, mais davantage le message sous-jacent perçu par l'autre.
- Parfois, le silence et la patience sont nécessaires. A chacun son rythme, adaptez-vous au rythme de votre enfant, ne le bousculez pas.
- Enfin, ne l'oublions pas, une dose d'humour peut détendre l'atmosphère. Puisse-t-il encore trouver une petite place dans les situations même difficiles. Mais gare aux sarcasmes et à la moquerie.

Troisième étape : mettre au jour les besoins et les préoccupations

Quand l'enfant agit de telle ou telle manière, sa conduite est déterminée par un besoin à satisfaire. Ce n'est ni bon ni mal en soi. Pour l'enfant, il est rare qu'il pense mal faire. Il peut vouloir tester les limites, chercher à s'opposer pour affirmer une volonté d'indépendance ou tout simplement se battre pour se sentir exister.

Le registre des besoins et des préoccupations est varié, les énumérer ou les classer est une rude tâche. A titre d'illustration, et sans prétendre à l'exhaustivité, nous vous en proposons quelques exemples :

– besoin d'affirmer son indépendance / besoin d'être pris en charge ;
– de défier ses parents / de rester petit pour ne pas renoncer à des satisfactions infantiles ;
– de sécurité, de se sentir protégé ;
– de justice, d'équité ;
– d'aimer et d'être aimé ;
– d'être valorisé ;
– de se sentir le privilégié des parents ;
– de préserver son amour-propre et de sauver la face ;
– de solitude / de rapports sociaux ;
– de contrôler le monde extérieur / d'être protégé du monde extérieur, etc.

Comme vous pouvez le constater, un enfant peut, dans le même temps, éprouver deux besoins diamétralement opposés ; ce qui, en soi, est générateur de conflits intrapsychiques que chacun gère plus ou moins bien. Ces derniers sortent du cadre de ce livre qui traite exclusivement des différends interpersonnels parents-enfants.

Selon une classification désormais célèbre [1], on regroupe les besoins en sept catégories. L'émergence d'un besoin d'un niveau supérieur implique la satisfaction totale ou partielle de celui de niveau inférieur.

1. Les besoins physiologiques (manger, boire...).
2. Les besoins de sécurité.
3. Les besoins d'amour et d'appartenance.
4. Les besoins de considération.
5. Les besoins de réalisation de soi.
6. les besoins de savoir et de comprendre.
7. Les besoins esthétiques.

Dans la suite de notre ouvrage, nous utiliserons indifféremment les termes *besoins, motivations, craintes, peurs, difficultés, préoccupations, attentes* ou *intérêts* pour exprimer cette force qui pousse à agir, à s'abstenir ou à adopter un comportement.

Nous commencerons par les raisons pour lesquelles il est primordial d'être en mesure de cerner ces besoins dans une situation conflictuelle. Nous décrirons, ensuite, les huit techniques facilitant la détection des besoins, qu'ils soient ou non avouables.

Origine des différends entre parents et enfants

Si écraser l'enfant, le manipuler ou fuir son problème ne constituent pas des réponses appropriées, résoudre les différends par une vraie négociation implique d'en saisir clairement l'origine. La méconnaissance des besoins, la confusion entre besoin et solution, et enfin les attitudes d'intolérance réciproque expliquent une part importante de l'origine des différends.

1. Abraham H. Maslow, *Motivation and Personality*, Harper & Row, 1954.

Méconnaissance des besoins. La psychologie moderne nous enseigne que la croissance de l'enfant passe par certaines étapes clés, qu'il s'agisse des « non » systématiques du petit d'homme qui lui permettent de mesurer son influence sur le monde extérieur et de vérifier qu'il est bien un être distinct à part entière, ou de la volonté de l'adolescent de sortir des jupons de sa mère où elle cherche à le maintenir pour ne pas le perdre. A chacune de ces étapes, le besoin profond est enfoui dans l'inconscient et sa méconnaissance par les uns et les autres ne l'empêche pas d'être à l'œuvre.

Une forêt de prétextes et de fausses justifications va alors prendre le relais des racines cachées entraînant des blocages :

La mère à son fils : « Arrête de parler des heures avec ta copine au téléphone. » Message apparent : « Tu prives les autres membres de la famille de l'usage du téléphone. » Message caché : « Je n'aime pas que tu accèdes au monde extérieur et que tu appartiennes à une autre femme. »

L'adolescent : « Pas moyen d'avoir un moment de tranquillité dans cette maison. »

Confusion entre besoin et solution. Tout besoin non satisfait crée une frustration. Plus ou moins tolérable, elle va déclencher les mécanismes de créativité chez l'individu et une idée de solution finit par jaillir. Cette idée de solution est destinée à calmer le besoin et non à s'y substituer, mais la plupart des gens la confondent avec le besoin qui l'a fait naître. Or d'autres moyens pourraient apporter une satisfaction au moins identique, sinon meilleure.

Attitudes d'intolérance réciproque. Au fur et à mesure que la frustration due au besoin non encore satisfait se prolonge, chaque partie va avoir tendance à s'enfermer dans sa solution transformée depuis longtemps en position rigide. Les œillères ont considérablement réduit le champ de vision et les boules Quiès, sans rendre complètement sourd, ont irrémédiablement altéré les capacités d'écoute. Le besoin de fond est passé au second plan, voire aux oubliettes.

A présent, c'est à celui qui saura tenir le plus longtemps possible sa propre position et battre en brèche les fondements de celle de l'autre. Cet enfermement progressif va se traduire ainsi : de « On pourrait faire cela... », on passe rapidement à « On devrait faire cela... », puis à « Il n'y a qu'à faire cela... », et on termine par « Il n'y a que cela à faire... ».

Le blocage est alors total, car les deux solutions-positions sont souvent inconciliables :

« Je veux inviter les copains / Il n'en est pas question, ton père est fatigué. »

« Je veux dormir chez une copine / Tu rentreras avant minuit. »

« Je veux une moto / Non, c'est dangereux. »

Profitant de sa position de force, le parent peut être tenté d'imposer sa solution à son enfant. Il peut également s'orienter vers l'une ou l'autre des neuf autres stratégies inefficaces décrites plus haut (le chantage, la manipulation, le châtiment physique, le compromis...). Par quelles autres méthodes peut-on les remplacer ?

Efforcez-vous de remonter aux besoins : oubliez ce que votre enfant vous demande et recherchez ce qu'il veut réellement

En effet, l'observation quotidienne sur le terrain et l'expérience de la négociation dans de multiples domaines montrent d'une façon irréfutable et répétitive que, si les solutions-positions sont très souvent inconciliables, les besoins et les préoccupations qui les sous-tendent sont, eux, presque toujours conciliables. Deux célèbres négociateurs américains, Roger Fisher et William Ury [1], ont mis au jour et conceptualisé ce processus.

Dans un différend, les positions ne peuvent être que contradictoires et opposées (« Tu dois boire du lait le matin au petit déjeuner / Je n'aime pas le lait »). La satisfaction d'une partie, le parent ou l'enfant, ne peut se réaliser qu'au détriment de l'autre. Ainsi, il y a forcément un gagnant et un perdant ; un qui triomphe et un qui cède ; un vainqueur et un vaincu.

Or, si les intérêts à l'origine des positions ne sont pas forcément divergents, la possibilité de les satisfaire est alors considérablement renforcée. C'est du fait même de cette différence dans les motivations que des solutions autres que céder à la volonté de l'enfant ou lui imposer la sienne existent.

Votre tâche commune, parents et enfants, est de découvrir ces moyens de trouver une satisfaction mutuelle. Dans le cas précité, l'enfant peut, par exemple, adorer les yaourts ou les petits suisses. Ces aliments sont aussi nourrissants que le lait, dont ils sont les dérivés. Ainsi, tout le monde est content : il ne boit pas de lait et vous êtes sûr qu'il absorbe les vitamines nécessaires.

Découvrez, comprenez et acceptez comme parfaitement légitimes les besoins, intérêts ou craintes de votre enfant. Evitez de vous bloquer sur les positions initiales, elles ne constituent que la manière la plus évidente de satisfaire vos attentes cachées réciproques [2].

1. Ces principes ont été décrits dans un best-seller mondial, *Getting to Yes*, traduit en vingt-deux langues et vendu à plus de 2 millions d'exemplaires. Publié en 1982 en français sous le titre *Comment réussir une négociation ?*, aux Editions du Seuil, il nous sert de cadre de référence dans nos séminaires de formation à la négociation et la médiation destinés aux professionnels. La réputation de R. Fisher et W. Ury est aujourd'hui mondiale. Ils ont conseillé des chefs d'Etat et de gouvernement et servi de médiateurs dans des négociations très épineuses.

2. Savez-vous qu'une approche identique à celle-ci a servi à régler un

HUIT TECHNIQUES POUR METTRE AU JOUR LES BESOINS DE VOTRE ENFANT :

Première technique : éviter de s'enfermer soi-même dans une position. Si, dans une situation donnée, votre solution est rejetée par votre enfant qui lui en oppose une autre, votre attitude doit immédiatement refléter votre volonté d'ouverture : n'exercez pas de pressions, sinon vous générerez de la résistance ; ne campez pas sur votre position, au risque de déclencher une radicalisation en face.

Concrètement, cessez de brandir votre solution, mettez-la momentanément entre parenthèses et montrez-vous ouvert à la découverte d'une autre, sans pour autant renoncer à vos intérêts : « Ecoute-moi bien fiston, je ne tiens pas particulièrement à cette solution ; elle m'a simplement paru convenable. Si nous pouvons en trouver une autre qui me convienne autant qu'à toi, je n'hésiterai pas à l'adopter. »

Vous avez ainsi décuplé vos chances d'éviter les blocages et l'impasse et d'engendrer un renforcement d'attitude dans le sens positif. Rappelons-le, il n'y a rien de plus persuasif que de se montrer soi-même ouvert à la persuasion.

Deuxième technique : énoncer d'abord vos propres intérêts. Cette approche implique d'avoir identifié d'abord vos besoins propres. Les exprimer, c'est faire un pas dans le sens voulu, c'est agir comme vous voudriez bien voir votre enfant agir lui-même ; c'est montrer l'exemple.

---

conflit qui durait depuis trente ans et que trois guerres successives n'avaient pas réussi à dénouer ? En effet, pour parvenir aux accords de Camp David entre Israël et l'Egypte, le président américain d'alors, Jimmy Carter, a procédé exactement de la même manière, avec l'aide des experts en négociation auteurs de cette méthode. Nous donnons, en annexe, une brève description de cette négociation ainsi que d'une autre, tirée de l'actualité sociale française, à savoir la grève à répétition des contrôleurs aériens courant 1987.

Quoi de plus propice pour créer un climat de confiance à même de faire baisser la tension ? Quoi de meilleur pour encourager votre enfant à oser se dévoiler à son tour ?

Il n'y a pas pire que les fausses barbes et les duperies pour déclencher la résistance chez votre enfant.

Arrêtez les « C'est pour ton bien, mon fils ». Dites : « Ton père et moi avons besoin d'un moment de tranquillité le soir pour discuter de nos préoccupations de la journée » au lieu de « Il faut que tu ailles dormir car tu es fatigué ».

Dans le premier cas, la réponse peut être : « J'ai peur d'être tout seul dans le noir », ce qui permet d'adopter une solution répondant à ce besoin, par exemple installer une veilleuse. En revanche, dans le second cas, vous risquez fort d'entendre le refrain classique : « Mais je ne suis pas fatigué » ou bien « Je veux encore rester avec vous ». Conséquence : pour vous faire obéir, vous êtes obligé de monter le ton. Et c'est le meilleur moyen de déclencher une guerre de tranchées.

Bien souvent, la *rétention des informations* constitue un des freins majeurs à l'élaboration de solutions procurant un avantage mutuel : « Moins on en dit, mieux ça vaut. » N'avez-vous pas tendance à aller dans ce sens ? N'en est-il pas ainsi quand vous vous apprêtez à acheter une maison, une voiture ? Quand, à l'occasion d'un différend, vous discutez avec des collègues ou avec votre patron, est-ce que vous n'en dites pas le moins possible de crainte de vous affaiblir si vous vous dévoilez ?

L'expérience quotidienne prouve que moins on exprime ses intérêts, plus on perd son temps.

Troisième technique : inviter l'enfant à se centrer sur le problème plutôt que sur la solution. Avoir une moto est un souhait commun à beaucoup de jeunes. Faire comme les copains, se sentir libre et autonome ou en tirer un certain prestige sont quelques exemples des besoins satisfaits par la possession d'une moto.

De nombreux parents s'opposent encore à cette acquisition, ce qui engendre des frictions et des tensions permanentes. La raison en est parfois un problème d'argent, mais plus souvent une peur démesurée pour la sécurité de leur enfant.

Se centrer sur le problème, c'est déplacer la discussion de la solution adoptée - avoir une moto comme moyen de déplacement - vers le problème de fond qui est le transport en lui-même.

Creuser plus avant le problème accroît les chances d'aboutir à des solutions qui respectent les préoccupations de chacun et préservent ainsi la relation et l'application des accords.

Le déposer les mercredis au stade pour ses matchs de football, commencer par une mobylette de 80 centimètres cubes plutôt que par une moto de 700 centimètres cubes, lui demander de ne rouler que de jour, de toujours porter un casque et de protéger ses genoux, ou lui acheter carrément une voiture, pourraient apparaître, alors, comme d'autres solutions possibles. Si c'est l'amour de la moto qui prédomine, un accord peut consister à l'inscrire à un club où il pourra s'amuser tout en s'initiant aux règles élémentaires de sécurité.

Quatrième technique : demander à l'enfant d'imaginer les conséquences de votre solution en utilisant le « et si... » ou le « supposons que... ». « Et si c'était moi qui te déposais à ton stade... » ou bien « Et si tu invitais plutôt ta copine Stéphanie... » ou bien « Et si je te prêtais mon blouson pour ta sortie... » : « Qu'est-ce que cela changerait pour toi ? » ou « Quels inconvénients y verrais-tu ? »

Commencer par « et si... » permet de supprimer le côté militaire du « je veux... » ou du « il faut faire comme ceci ou faire comme cela... ».

Votre enfant est invité à effectuer, à haute voix, une simulation mentale, sans conséquences pratiques, de votre idée. C'est un scénario imaginaire, projeté sur l'écran de la table de négociation avant le tournage réel du film. Seul son consentement déclencherait le « Moteur ! ».

Pour lui faciliter la tâche, vous pouvez commencer par répondre vous-même. Cela l'encouragera à répondre et permettra de mieux cerner ses attentes, ses craintes ou ses difficultés.

Cinquième technique : poser directement les questions « pourquoi ? » ou « pourquoi pas ? ». Le chemin le plus court entre deux points est bien la ligne droite. Beaucoup de gens sont surpris et enchantés des effets provoqués par la simple question « pourquoi ? ». Plus la relation est bonne, plus la confiance est ancrée, plus la communication circule et plus le « miracle » a des chances de se produire.

Cette technique est sans aucun doute des plus puissantes, car des plus faciles à mettre en œuvre. Même dans les moments difficiles où la tension est forte, où l'émotion aveugle, où le risque de perte de contrôle de soi est à son comble, subsiste toujours la petite éclaircie par laquelle peut encore transiter un bref « pourquoi ? ».

Si, à première vue, cette technique semble à la portée de tous, il n'en demeure pas moins qu'elle a des limites :

- La première est que l'enfant repère souvent mal ses propres intérêts et besoins. Ses motivations lui échappent parfois. Elles sont encore inconscientes. Elles correspondent souvent aux grandes étapes de la croissance.
- La deuxième est que l'enfant a peur d'exprimer ses intérêts. Dans le souvenir de l'enfant, répondre à une question a souvent été suivi par un châtiment ou une brimade : si se dévoiler est ainsi associé à des reproches, mieux vaut alors se taire.
- La troisième est que l'enfant a le sentiment profond que sa motivation réelle n'est pas avouable. Il reconnaîtra rarement qu'il est mû par un sentiment profond de jalou-

sie à l'égard du frère ou de la sœur. Il placera plus volontiers sa demande sous le signe du besoin d'équité.

• La quatrième est que l'enfant est convaincu que vous ne pouvez pas comprendre ses préoccupations. Il a déjà eu maintes occasions de se rendre compte que ses tentatives de communication avec vous échouaient, que vos réponses étaient souvent au premier degré et tombaient à côté des questions de fond qu'il posait. A quoi bon réessayer.

Le risque est donc de s'entendre répondre « je ne sais pas » ou d'avoir droit à une énumération d'alibis ou de rationalisations qui vous éloignent du fond du problème. On va en venir à confondre justifications et besoins. Comment surmonter ces obstacles ?

Il faut apprendre à éviter :

• de demander « pourquoi » dans certains cas : quelquefois, votre connaissance de votre enfant ainsi que votre intuition vous indiquent qu'il convient de s'orienter vers d'autres techniques. Il se refuse encore verbalement ou non verbalement à l'échange. Le « pourquoi ? » arrive trop tôt. Vous pourrez, s'il le faut, y revenir plus facilement une fois les armes déposées ;

• d'explorer les prétextes exposés : la recherche de cohérence interne amènera l'enfant à construire d'autres rationalisations. Cela achève de vous éloigner définitivement des raisons de fond ;

• de contrer ou de réfuter les rationalisations et les alibis s'ils ont été déjà exprimés : poussé dans ses retranchements, votre enfant risque alors de se sentir obligé de camper sur ses positions pour ne pas perdre la face. Le repérage des besoins devient alors plus aléatoire.

A l'inverse, vous pouvez interroger votre enfant sur les raisons de vos exigences : « A ton avis, pourquoi désirons-nous que tu rentres avant minuit ? » C'est en lui expliquant vos motivations plutôt qu'en l'interrogeant sur les siennes que vous ouvrirez le champ du dialogue, et ce, sans le contrarier.

Sixième technique : faire l'hypothèse d'une mise en pratique de ses idées. Dans ce cas, non seulement vous n'attaquez pas, mais vous prenez au sérieux les justifications apportées. Montrez-vous ouvert à la satisfaction de la demande, sous forme d'hypothèses de travail et sans engagement de votre part.

« Tu dis vouloir rester au salon et ne pas vouloir dormir dans ta chambre parce que tu as peur du noir. Si je laisse la lumière de la lampe de chevet allumée, est-ce que tu auras moins peur ? »

Si votre enfant acquiesce, c'est que son intérêt était bien celui-là, et non un autre, caché, comme celui de continuer à partager la vie de ses parents. Il vous appartient alors de chercher une solution. A l'inverse, un refus de sa part serait le signe, indiscutable, d'un faux besoin. Néanmoins, il est inutile d'en profiter pour le lui reprocher. Il est tout à fait possible qu'il se leurre lui-même tout à fait inconsciemment. Vous pouvez alors recourir aux autres techniques, par exemple la suivante, pour l'aider à prendre conscience de son véritable besoin.

Septième technique : puiser dans vos souvenirs d'enfant puis énoncer vos hypothèses sur ses intérêts. Pour y parvenir, la clé est simple mais se révèle parfois complexe dans sa mise en œuvre. Il s'agit de se mettre dans la peau de l'enfant.

Redevenez l'enfant que vous avez été. Souvenez-vous de la réaction que vous auriez eu face à un événement analogue. Vous comprendrez mieux la préoccupation à satisfaire.

« Quand j'étais petit, il m'est arrivé d'avoir peur du noir et je ne voulais plus quitter mon père et ma mère » ou bien « A ton âge, je trouvais injuste d'être obligé d'aller me coucher alors que mes parents discutaient au salon ».

« A ta place, j'aimerais préserver mon intimité. »

Si l'enfant confirme, c'est gagné. Sinon, réessayez encore et encore. Votre volonté de le comprendre l'amènera à vous pardonner votre incompréhension momentanée. Cela peut même l'inciter à vous aider.

Cette approche apporte un avantage annexe non négligeable. Elle peut, à la longue, vous réconcilier avec l'enfant en vous et, par là même, avec vos parents.

Huitième technique : être sensible à ses réactions émotionnelles. Il m'arrive parfois de dire à mon fils : « Tu es énervé parce que tu es jaloux de ta sœur à qui je viens de faire un câlin. » S'il crie violemment sa désapprobation, j'ai une indication précieuse sur le bien-fondé de mon observation. Je ne vais pas, pour autant, insister lourdement, ce qui risquerait de renforcer sa résistance.

Rougir, bafouiller, tousser, baisser les yeux sont des attitudes qui en disent plus long que des milliers de mots.

A vous maintenant. Quelles autres méthodes utilisez-vous pour découvrir avec succès ce que votre enfant veut vraiment ?

....

....

....

Quatrième étape : rechercher la troisième voie

Le *compromis* est, en règle générale, la meilleure des solutions auxquelles on aboutit par les démarches classiques.

Vous insistez pour qu'elle rentre avant minuit. Elle refuse de quitter la soirée tant qu'elle battra son plein. Vous tranchez, à contrecœur, de part et d'autre, pour 1 h 30 du matin.

Le compromis, fruit du marchandage, est un mélange peu créatif entre deux solutions-positions. Or il existe une

hiérarchie dans la qualité du résultat obtenu d'une négociation. Un bon négociateur doit viser le niveau le plus élevé possible le rapprochant de l'optimum. Il est possible de classer les accords selon une échelle décroissante[1] :

– ils apportent un gain mutuel maximum ;
– ils créent une situation gagnant / gagnant ;
– ils offrent un compromis ;
– ils maximisent le gain individuel ;
– ils créent une situation gagnant / perdant ;
– ils donnent une victoire totale à l'une des parties ;
– ils créent une situation perdant / perdant, mais l'un s'en tire avec moins de dommages que l'autre ;
– ils créent une situation où l'un est agonisant mais l'autre est déjà mort.

Dès lors, s'il est possible d'inventer d'autres types de solutions que le compromis, ne serait-il pas dommage d'en rester là ? Quelles sont les voies permettant de créer des solutions qui procurent des gains mutuels maximum ?

1. Gérald R. Williams, *Selected Dispute Resolution Hierarchies*, 1989.

Quels sont les moyens favorisant la créativité et l'accès à la troisième voie ? Comment accroître la richesse disponible sur la table ? Voilà quelques-unes des questions traitées ici.

Une anecdote : mes deux enfants, Laura et Rémy, étaient alors âgés respectivement de six et quatre ans. Depuis leur naissance, ils avaient occupé la même chambre de dimensions moyennes, ma femme et moi ayant décidé de transformer une petite pièce en bureau.

Le problème s'est posé le jour où nos deux enfants ont commencé à régulièrement se disputer à l'heure du coucher. Chacun accusait l'autre de l'empêcher de dormir et la situation s'aggravait de jour en jour. Nous, de notre côté, souhaitions retarder au maximum le jour où il nous faudrait renoncer à notre espace.

Un soir, je rentre, épuisé, vers 21 heures, pour trouver le chaos. Les enfants étaient dans un état d'excitation avancée, et mon épouse à bout : « Ils n'ont pas arrêté. Depuis des heures c'est la même chose, j'en ai marre à la fin. Ils se disputent tout le temps, ils se tapent dessus, ils ne veulent plus dormir dans la même chambre, chacun veut rester dans la grande. Aussitôt que l'un affirme qu'il lui revient le droit d'occuper la chambre actuelle et que l'autre doit se satisfaire du petit bureau, ils en viennent aux mains. J'en ai ras le bol. »

Comme je n'étais pas d'humeur à discuter ce soir-là, j'ai donné l'ordre aux enfants d'aller immédiatement se coucher, car il était tard. Quant à moi, je ne désirais que manger et aller dormir.

Quelques minutes plus tard, un cri aigu s'éleva de leur chambre. Laura s'énervait contre son frère. Ce dernier se mit à hurler encore plus fort. Il ne leur fallut que quelques secondes pour en venir aux mains. Cris, pleurs, le boucan devint rapidement infernal.

Je bondis de ma chaise, leur promettant le déluge et la férule du ciel. Furieux, je les séparais et les remettais d'autorité dans leurs lits. Comme quoi, pour négocier, il faut être disponible...

Au milieu de ses larmes, chacun rejetait la faute sur l'autre :

Laura : « C'est lui qui a commencé. »

Rémy : « Non, c'est elle. »

Laura : « Je ne veux plus dormir dans la même chambre que lui, il m'embête. »

Rémy : « C'est toi qui m'embêtes. »

Laura : « De toute façon, je veux la grande chambre. »

Rémy : « C'est moi qui reste dans la grande et toi tu iras dans le petit bureau. »

Laura : « Non, c'est toi... »

Chacun de vous, chers lecteurs, aurait pu écrire, sans effort particulier d'imagination, les dialogues de ce scénario si familier. Vous pouvez donc également deviner l'exaspération qui, à ce stade, m'avait envahi et aveuglé :

« ASSEEE...Z ! Au lit maintenant. Ça suffit. Il y a une grande chambre et une petite. Je ne sais pas comment nous pouvons faire pour vous satisfaire tous les deux, je ne peux pas élargir les murs. Il y a des familles entières qui vivent dans des pièces pas plus grandes que la vôtre. J'en discuterai avec votre mère et nous verrons ce que nous allons faire pour résoudre ce problème. C'est sûr, je ne veux plus que vous partagiez la même chambre. Dormez maintenant. »

De ma réaction, je ne retiendrai qu'une chose : je venais tout simplement de les exclure du processus de prise de décision.

Juste à cet instant, Laura me dit du fond de ses larmes : « Mais moi j'ai une solution. »

Je lui avais, dès sa plus tendre enfance, appris à penser qu'il n'y a pas de problèmes mais des solutions à trouver. Pouvais-je encore à ce moment, malgré mon incapacité d'écoute, lui refuser ce à quoi je l'avais toujours encouragée ? Le peu de recul dont j'étais encore capable me permit de me calmer pour lui demander, sans grande conviction du reste :

« Et quelle est cette solution ? »

Laura me répondit : « Moi je reste douze mois dans la grande chambre et Rémy douze mois... »

Je me rappellerai toujours l'effet d'arrêt qu'a eu sur moi son idée. Je retrouvais soudain mon calme et une prise de distance par rapport au problème. Tout attendri et soulagé, et quelque part pas peu fier, je proposais :

« Pour que cela ne fasse pas trop long, on pourrait plutôt décider une période de six mois pour l'un et de six mois pour l'autre. »

Ma fille venait d'inventer une nouvelle option qui réglait le problème de la rareté de l'espace : à défaut de chambres de dimensions égales, il était possible de *partager le temps* pour rendre l'accord équitable.

A partir de là, choisir lequel des deux occuperait la grande chambre en premier n'était plus un problème majeur. Le tirage au sort constitua une procédure acceptable.

C'est moins d'une semaine après la mise en place du système que nous avons, un soir, retrouvé Rémy couché par terre sur sa couverture, à côté du lit de sa sœur. Et pourtant, devinez laquelle des deux chambres il occupait ?... La grande, eh oui !

La fin de l'histoire est édifiante. C'est au moment du cinquième changement, deux ans après, et à notre grande surprise, que nos deux enfants, arrivés en véritable délégation, nous ont réclamé l'arrêt du système. Ils souhaitaient dorénavant occuper à eux deux la grande chambre et transformer la petite en salle de jeux.

Pour éviter toute décision hâtive, nous leur avons conseillé de s'accorder une semaine pour mûrir leur réflexion. C'est seulement après nous avoir confirmé leur volonté qu'ils ont eu notre bénédiction.

Je racontais cette anecdote au cours d'un de mes séminaires de formation quand une participante eut ce cri du cœur : « Et savez-vous comment mes parents, eux, ont tranché ce problème entre ma sœur aînée et moi ?... Eh bien, en lui affectant la grande chambre, en s'appuyant sur une sorte de droit d'aînesse. Je ne l'ai toujours pas digéré, et cette injustice me révolte encore. »

C'est le risque couru chaque fois que le parent tranche au nom de je ne sais quel principe et sans le véritable consentement de son enfant. Qu'il s'agisse des vieux jouets abîmés et donnés... à plus pauvre que lui, alors qu'il y était attaché ; ou le changement d'école entraînant l'éloignement des amis provoqué par le déménagement.

Mais comment faire pour inventer des solutions de rechange ? Comment trouver la troisième voie ? Plusieurs chemins conduisent à des solutions de ce type. Il vous appartient de les explorer en fonction des situations. La créativité désigne à la fois un savoir-faire en matière de production d'idées nouvelles et une attitude d'ouverture à la nouveauté.

1. Inventer une nouvelle option

Je laisse à une mère le soin de raconter comment elle a mis cette méthode en pratique. Après une dure journée, elle avait préparé le dîner pour ses deux enfants de quatre et six ans. En entrée, il y avait des œufs durs :

« Je ne veux pas d'œufs durs », s'écria le premier.

« Je ne veux pas d'œufs durs », enchaîna le second en repoussant le plat.

Comme c'est agréable, pour une mère, d'être accueillie ainsi en fin de journée ! Sa première tentation fut de les envoyer se coucher. Mais, plutôt que de les obliger à faire ce qu'ils semblaient refuser, elle décida de chercher les intérêts derrière les positions. Elle adopta la technique du « pourquoi ? ».

La mère demanda à l'aînée : « Pourquoi ne veux-tu pas manger ton œuf ? – Parce que je n'aime pas le blanc. »

Elle s'adressa alors au cadet : « Et toi, pourquoi tu n'en veux pas ?

– Parce que je n'aime pas le jaune. »

Certes, chacun des enfants pouvait répondre « parce que » et bloquer le système, mais dans ce cas il en fut autrement.

Et la mère de conclure : « Je n'en revenais pas de voir la solution jaillir devant mes yeux : j'ai donné les deux jaunes au premier et les deux blancs au second, et nous étions tous les trois contents. »

Je sais, le diététicien en vous crie déjà : « Bonjour le cholestérol pour le premier, et l'albumine pour le second. » De grâce, évitez, pour une fois, le « oui... mais » qui étouffe toute créativité... dans l'œuf. Sans compter que les enfants de cet âge, et vous le savez par expérience, changent de goûts tous les deux jours. Pour l'instant, préoccupons-nous moins de la pertinence de cette solution que des processus qui lui ont permis de voir le jour.

Cet exemple paraît extrême et trop parfait. En fait, sous des apparences de simplicité naïve, il exploite l'une des découvertes majeures de l'art de négocier mise au jour dans l'étape précédente : les intérêts ne sont pas toujours en conflit, opposés ou contradictoires, ils peuvent être tout simplement différents. Dans ce cas, il est possible d'inventer une option nouvelle qui satisfait pleinement, ou du moins satisfait les intérêts prioritaires des deux parties. Il ne s'agit pas ici que la maman nourrisse à tout jamais ses enfants soit avec du blanc, soit avec du jaune d'œuf. Mais, ce soir-là, une bataille autour de la nourriture fut évitée à la satisfaction de tous.

Cette démarche procède d'une reformulation des positions d'origine et de leur recadrage en fonction des intérêts sous-jacents. Les positions sont opposées, mais les intérêts ne le sont pas forcément.

Il en est de même pour ce couple qui se prépare à sortir dîner :

« Nous irons manger chinois, si tu veux bien, dit la femme.

– Ah non, brésilien », rétorque le mari.

Plutôt que de terminer la soirée à la maison devant la télévision, le recadrage sur les intérêts a permis de reformuler le problème différemment. Ce soir-là, en fait, ce dont l'un et l'autre avaient envie, c'était d'une cuisine exotique. Ils trouvèrent alors une autre option, un restaurant antillais qu'ils avaient envie d'essayer depuis longtemps.

2. Elargir le gâteau

Apprendre à élargir le gâteau pour les deux parties, c'est avoir une mentalité de richesse plutôt que de pénurie. On pense toujours que ce que l'un gagne, l'autre doit forcément le perdre. Augmenter les ressources disponibles en argent, en temps, en matériel peut constituer la solution. Par exemple, les enfants se disputent autour d'un sac de chips, apportez-en un deuxième. Ils se bagarrent car chacun veut le vélo, le magazine : achetez deux vélos, deux magazines, etc.

Mais attention, et nous l'avons vu, il ne s'agit pas d'un remède valable tout le temps. Même s'il est parfois possible d'accroître la richesse disponible, il est bon, dans certains cas, de laisser le conflit produire d'autres types d'approche. Leur apprendre à patienter, à retarder la satisfaction, à partager, est parfois à ce prix.

3. Réduire le coût d'acceptation par l'autre

Réduire le coût pour l'enfant de l'acceptation de votre solution ou du changement désiré par vous prend souvent la forme d'une compensation spécifique.

Quand vous désirez que votre enfant aille se coucher et

qu'il s'y refuse, vous êtes en présence d'une guerre de positions classique : « Va te coucher / Non, je ne veux pas aller me coucher. »

Examinons la demande réelle et les intérêts qui sont sous-jacents à ces positions inconciliables à première vue :

	Mère	**Fille**
Positions	« Va te coucher maintenant. »	« Non, je ne veux pas y aller. »
Intérêts	Avoir un moment de tranquillité pour se livrer à ses activités d'adulte.	Garder ses parents un peu plus longtemps et ne pas être exclue de l'activité des adultes. Peur d'être seule.

Problème recadré : Comment réduire pour l'enfant le coût de l'acceptation de la règle (négociée évidemment) d'être dans son lit au plus tard à 20 h 30 (par exemple) ?

Solutions : Plusieurs options peuvent être explorées ; on lui accorde d'une façon ferme et irrévocable dix minutes supplémentaires, ou on lui apporte une compensation sous la forme d'une histoire. En effet, cette solution correspond à un intérêt commun : vous vous faites obéir et, en vous obéissant, votre fille obtient quelque chose que vous jugez souhaitable pour elle. (Bettelheim a démontré les multiples avantages des histoires et des contes de fées pour le développement de la personnalité des enfants.) Contrairement à ce qui avait été vu dans les réponses inappropriées, ici l'histoire n'est pas un tribut à payer par l'adulte pour obtenir la soumission de l'enfant mais concourt à réduire pour lui le coût de l'acceptation.

Dans tous les cas de figure, c'est l'occasion de clarifier et de renégocier avec votre enfant de nouvelles règles du jeu concernant l'heure du coucher.

Voici un autre exemple d'une solution sous la forme d'une compensation spécifique :

Un père raconte que son fils aîné (cinq ans) a demandé pour son anniversaire une bicyclette neuve. Et, conséquence logique, la petite (trois ans) a hérité de l'ancienne. Elle fondit en larmes :

La fille : « Je veux un vélo neuf moi aussi. »

Le père : « Tu as l'impression que tu n'as rien eu. Qu'est-ce que tu veux pour ta bicyclette ? »

La fille : « Un klaxon. »

Et le problème fut réglé sans frustration.

Votre enfant, comme tout un chacun, a besoin de cohérence interne. Il vous appartient de l'aider à produire des réducteurs de dissonance. Utilisez des formulations qui ne risquent pas de susciter de résistance. Préférez « Ce qui me paraît souhaitable » à « Tu devrais faire ceci ou cela... ».

4. Faire un essai limité dans le temps

Tester pendant une période limitée dans le temps la solution préconisée réduit le risque d'un rejet en bloc. Cela laisse ouverte la possibilité d'un retour en arrière. Parfois, il s'agit de réduire le champ d'application de la solution.

La mère : « Il faut que tu ailles en Angleterre pour un stage d'immersion en anglais. »

Le fils : « Je ne veux pas y aller. Et, de toute façon, je m'enfuirai. »

La mère : « Vas-y pendant trois jours et, si tu n'aimes pas, tu reviendras. »

Marché conclu, sans cris ni larmes...

5. Offrir une compensation non spécifique

En l'occurrence, l'un obtient ce qu'il désire et l'autre reçoit une contrepartie qui n'est pas liée au coût encouru.

On se souvient de l'exemple du père parti en séminaire

et de sa fille qui souhaitait son retour plus tôt. Le délai, dans ce cas, était non négociable. Dans l'approche classique du marchandage, il aurait dû lui mentir en gonflant le temps que durerait son éloignement – dire cinq jours au lieu de trois – et peut-être aurait-elle fini par accepter les trois jours dont il avait effectivement besoin. Ce chiffre constituait sa limite basse, son plancher. Mais à quoi cela lui aurait-il servi ?

Poussons la logique du marchandage à son extrême : si elle avait accepté trois jours et demi par exemple, quelque chose aurait sonné faux. En effet, en accédant à son exigence, il lui aurait donné ce qu'au fond elle ne demandait pas. Réfléchissez un instant, si quelqu'un vous faisait une concession au-delà de votre demande et sans aucune justification, votre réaction serait sans doute : « Mais qu'est-ce que cela cache ? » En outre, arrivée à trois jours, serait-elle satisfaite pour autant ? Même s'il lui faisait croire qu'elle avait réussi à le convaincre, ne l'avait-il pas trompée sur ses contraintes ?

Voyons la suite du dialogue.

Le père : « Tu as envie que je revienne vite parce que je te manque. »

(Faire une hypothèse sur le besoin.)

La fille : « Oui, tu me manques, je veux que tu rentres à la maison. »

(Ratification positive.)

Le père : « Moi aussi tu me manques, et je reviendrai dès que j'aurai fini mon travail. Je t'aime beaucoup, tu sais. Que puis-je te rapporter pour compenser le fait que tu as dû patienter ? »

(Donner son intérêt ; reconnaître celui de l'autre ; élargir pour lui trouver une satisfaction.)

La fille : « Tu m'apportes un cadeau. »

Le père : « Quoi ? »

La fille : « Ce que tu veux, papa, n'importe quoi, mais rapporte-moi quelque chose. »

(Compensation non spécifique.)

L'important pour la fille, c'est davantage l'assurance de l'amour que son père lui porte que l'objet en lui-même ou sa valeur propre. Le père a, comme il se doit, tenu sa promesse.

L'absence de contrepartie aurait été négative à plus d'un titre.

Pour le parent d'abord :

– S'il est vrai qu'il économise le prix d'un jouet, il rate une occasion d'apprendre à sa fille l'art d'inventer des solutions.

– En outre, l'image qu'il a de lui-même est entachée à cause du mensonge.

– Enfin, du fait qu'elle lui manquait tout autant, nous étions en présence d'un intérêt commun dont il n'était plus possible de donner une preuve tangible.

Reconnaître le manque ressenti par sa fille et le prendre en compte l'aurait aidé à reconnaître et à accepter ce manque en lui-même. La mise au jour de ce besoin partagé aurait concouru à renforcer les liens affectifs qui les unissaient.

Pour la fille ensuite :

Même si elle a l'impression d'attendre moins longtemps, elle n'aurait pas été satisfaite pour autant. En effet, son *vrai besoin* – être assurée que son père ne l'abandonne pas et donc qu'il l'aime – n'aurait pas été identifié et pris en compte grâce au petit cadeau.

Une insatisfaction aurait subsisté par rapport à un accord du style compromis.

Plus que tout, ces situations de désaccord où le niveau émotionnel de l'échange n'est pas élevé constituent des occasions dont la valeur est inestimable en termes de création de conditions favorables à la résolution de conflits plus graves. Car la manière utilisée pour leur règlement peut constituer des précédents positifs – et donc des repères pour votre enfant – dans ces moments beaucoup plus tendus et plus critiques. En faisant référence à la manière utilisée pour surmonter le précédent problème, vous vous donnez des moyens supplémentaires pour le convaincre.

6. Céder sur un point mineur pour vous et majeur pour l'enfant

Voici le témoignage de Patrick, qui a mis en pratique cette démarche avec sa fille de onze ans.

Marie, qui vient d'entrer en sixième, se rend tous les matins au collège en compagnie de son papa qui la conduit en allant à son travail. Tous les deux apprécient ces quelques minutes de trajet matinal, moment toujours privilégié pour se parler.

Lorsque les premiers frimas d'octobre arrivent, le papa de Marie s'étonne de voir sa fille vêtue d'un blouson léger, plus adapté à l'été.

« Tu devrais mettre ton blouson d'hiver, lui fait-il remarquer, soucieux et protecteur.

– Je ne peux plus le mettre, il est trop petit, lui répond Marie.

– Comment, trop petit ? Ce n'est pas possible, tu l'as eu l'hiver dernier et nous l'avions choisi grand pour qu'il t'aille au moins deux ans, rétorque le papa.

– Il est trop petit », répète Marie, laconique. La discussion en reste là.

Le lendemain, une légère buée sur les vitres laisse supposer que la fraîcheur du temps persiste. Le père de Marie reprend la discussion avec une certaine insistance :

« Marie, s'il te plaît, enfile ce blouson pour examiner ce problème de taille.

– Non, je te dis qu'il est trop petit, je l'ai déjà essayé. »

Sentant l'atmosphère devenir lourde, le papa choisit de ne pas insister. Il ne comprend pas. Le blouson est superbe, vert et matelassé, avec une capuche amovible bordée de fourrure et un canard brodé dans le dos.

Dans la voiture, calmement, il réengage le débat :

« Dis-moi, Marie, ce blouson, il ne te plaît pas, tu n'as plus envie de le mettre. Tu peux me l'avouer, il n'y a rien de dramatique ; chacun a de temps en temps un vêtement qu'il n'a plus envie de porter. Peut-être y a-t-il dans ta classe une autre fille que tu n'aimes pas et qui a le même blouson ? Peu importe ! Mais ne me dis pas qu'il ne te va plus. Dis-moi qu'il ne te plaît plus. »

Après quelques secondes de silence, Marie se décide à répondre :

« C'est vrai, papa, je n'ai plus envie de le mettre.

– Cela m'ennuie, dit le père, car il n'est pas question que je t'en rachète un maintenant. J'y réfléchis, et nous en reparlerons. »

Le surlendemain, le papa reprend le débat. Il sait qu'il y a un point de blocage et qu'il serait vain de forcer. Il sait aussi qu'il serait préjudiciable, en termes d'éducation, de céder à ce qui pourrait être un caprice et donc créer un précédent fâcheux :

« Marie, à propos du blouson, j'ai une proposition à te faire. Tu portes ce blouson vert jusqu'à Noël, et je t'en offre un nouveau à Noël. Qu'en penses-tu ? »

Silence de quelques secondes.

« D'accord, papa ! »

Le lendemain, Marie arborait son blouson vert sans paraître porter un fardeau. A Noël, papa tiendrait sa promesse.

Le secret de fabrication de ce type de solution est de multiplier les objets de négociation au lieu de se cantonner à l'objet initial. En effet, si le désaccord porte sur un point, le seul choix perçu comme possible, de part et d'autre, est d'avoir raison et l'autre tort. Vous insistez vivement sur la nécessité pour votre fille de porter un blouson, mais cette dernière s'y refuse obstinément. Il est aisé d'imaginer que chacune des parties aura tendance à défendre bec et ongles sa position pour éviter de perdre. Plus la discussion avancera, plus les tranchées seront profondes, avec pour unique perspective une victoire totale pour l'un et une capitulation sans conditions pour l'autre.

Amener sur la table de négociation un autre point, par exemple la date d'acquisition d'un nouveau blouson, et les *lier* entre eux, permettra à chacun de se retrouver. La fille acceptera de porter le vieux jusqu'à Noël et le père promettra de lui en acheter un neuf à cette occasion. Il y a échange entre des points évalués différemment de part et d'autre.

Tous les négociateurs professionnels le savent : il est nécessaire d'aider son vis-à-vis à trouver une sortie honorable lui évitant de perdre la face. Sinon, le risque est grand de le voir rejeter vos propositions, aussi acceptables soient-elles pour lui, pour ne pas subir pareille humiliation. Multiplier les objets de négociation dans un conflit et affirmer clairement sa volonté de ne pas chercher à mettre l'autre à genoux crée des occasions d'échanger des concessions. Le point mineur pour la fille (*la date*) est majeur pour le père ; les priorités sont exactement inverses en ce qui concerne *l'achat* du blouson. En aidant l'autre à obtenir ce qu'il désire sans s'oublier soi-même, l'accord devient possible et la relation est préservée.

7. Accepter une perte à court terme pour un gain plus grand à long terme

Il s'agit d'une variante de la méthode précédente.

La demande d'achat d'un ordinateur est de plus en plus souvent l'occasion d'une négociation parent-enfant. La charge financière représentée par cet investissement constitue souvent un frein pour le parent, d'autant que les progrès technologiques rendent très vite obsolète la précédente acquisition.

Un moyen permettant de satisfaire tout le monde peut consister à ce que l'enfant se charge de la vente de l'ancienne console Nintendo à un copain. De son côté, le parent accepte de fournir la différence de prix en contrepartie de l'utilisation, à des heures définies à l'avance, du nouvel équipement. L'astuce réside dans le fait qu'à l'objet *remplacement* de l'ordinateur a été *lié* l'objet *usage* de celui-ci. Une petite perte à court terme est consentie contre un plus grand gain à long terme.

8. Utiliser une procédure objective indépendante de la volonté des parties

« C'est pas juste. » Voilà un cri du cœur que tout parent entend à longueur de journée. Etre traité équitablement, cette aspiration de tout un chacun est exacerbée chez les enfants, plus particulièrement dans les familles nombreuses.

Qu'il s'agisse d'une impression non fondée ou d'un fait indiscutable, céder à la volonté de l'autre laisse un goût amer d'injustice, peu propice à l'adhésion véritable.

Pour éviter ce piège et la tentation, parfois, d'en finir en utilisant son pouvoir de parent, le recours à un critère objectif ou bien la mise en place de procédures indépendantes des parties présentent deux avantages majeurs. Ils répondent au besoin de justice sans provoquer d'humiliation insupportable.

S'il s'agit d'un désaccord sur l'orthographe d'un mot, laissez le *dictionnaire* trancher. Votre enfant apprendra, en outre, à le consulter pour ses problèmes futurs.

S'il se plaint d'avoir une trop petite part de gâteau, la *balance* restaurera l'équilibre.

S'il n'admet pas que le temps accordé à regarder la télévision, à jouer avec son ordinateur ou à barboter dans son bain est passé, prenez l'habitude de brancher la *minuterie* ou de regarder l'*horloge* ensemble.

Il existe une procédure très astucieuse assurant l'équité quand il s'agit de leur faire partager quelque chose. Elle s'intitule « *l'un coupe et l'autre choisit* ».

Pour l'illustrer, un de nos stagiaires raconte qu'il a toléré, à regret, que ses deux enfants boivent du Coca-Cola. Pour en limiter la consommation, il partageait le contenu d'une petite bouteille entre eux et, immanquablement, il se le faisait reprocher : « C'est pas juste, il en a eu plus que moi. » Rentré chez lui après le séminaire de formation à la négociation et une fois les embrassades terminées, il prit l'initiative, ô combien inhabituelle, de proposer du Coca-Cola à ses chers petits. Etonnés mais ravis, ils s'empressèrent d'aller chercher la bouteille et deux verres.

« Dorénavant, nous procéderons autrement, s'empressa-t-il de leur dire. L'un de vous se chargera de verser, mais c'est l'autre qui choisira le verre qu'il préfère. Pour désigner celui qui sera chargé d'effectuer le partage, nous allons procéder à un tirage à *pile ou face* (procédure objective). Ensuite, il y aura un tour de rôle (autre procédure objective) pour les prochaines fois. »

Ce soir-là et les suivants, il put lire tranquillement son journal tout en observant avec quel soin l'enfant chargé du partage s'employait à répartir également le Coca-Cola entre les verres. Toute autre solution laissait l'autre frère avec la perspective, peu réjouissante pour le premier, de profiter de la plus grosse part.

Le *tour de rôle* trouve une application pertinente quand il s'agit de partager les corvées ménagères telles que mettre ou débarrasser la table. Assorti d'un *tableau de bord* affichant l'exécution de la tâche, cela donne la possibilité de renégociations ultérieures en cas d'imprévus ou de circonstances particulières.

Observez vos enfants pendant qu'ils jouent, c'est souvent seuls qu'ils mettent en place ce genre de procédures. Ils n'aiment ni perdre, ni perdre la face. J'appris ainsi, un jour que j'avais été invité par mon fils et son copain à jouer avec eux à la roulette, qu'ils avaient décidé de parier exactement le même montant pour éviter qu'il n'y ait un perdant.

9. Recourir à une tierce personne

S'il se révèle impossible de trouver un critère objectif ou une solution permettant de sortir de l'impasse, l'autre parent peut constituer un recours ultime en tant que *médiateur*. N'étant pas directement impliqué dans le conflit, la chance de trouver une issue est élargie s'il est perçu comme une tierce personne neutre. Ce rôle peut être rempli par toute personne qui a la confiance des deux parties : un grand-parent, un frère ou une sœur, un oncle ou simplement un ami. La réussite est conditionnée par l'acceptation librement consentie.

Malheureusement, l'observation montre que cette approche est rarement utilisée, soit que l'idée ne vient pas spontanément à l'esprit des gens, soit par peur de se montrer incapable de gérer le conflit.

Vous trouverez dans la deuxième partie l'approche à suivre pour parvenir au consensus recherché.

10. Inventer une solution de portée différente [1]

Nous sommes partis du fait que les intérêts sous-jacents aux demandes étaient conciliables car non contradictoires. Dans la réalité, vous pouvez rencontrer des situations où cette hypothèse ne se vérifie pas. L'exemple concernant les chambres, mentionné plus haut, illustre cet état de fait. Dans ce cas, nous avons mis au jour cette solution originale qui a consisté à partager le temps d'occupation de la grande chambre à défaut de disposer de deux pièces de

1. R. Fisher et W. Ury, *Comment réussir une négociation ?*, *op. cit.*

dimensions équivalentes. Il s'agit ici de réduire la portée de l'accord : de permanent, il devient provisoire.

Quelques règles de bon sens :

• *Faites participer votre enfant à l'élaboration de la solution.* La participation entraîne l'adhésion de l'enfant. Cela part d'un principe simple : les gens s'opposent plus difficilement à ce qu'ils ont contribué à créer. Procéder ainsi donne à l'autre le sentiment que vous êtes avec lui et non pas contre lui.

Mais gare à la pseudo-participation. Un de mes clients raconte ainsi :

« Nous avons discuté le prix pendant des heures entières, puis, une fois tombés d'accord, il me sort de sa valise une lettre, déjà tapée à la machine, avec le prix dessus... Ils m'ont perdu comme client à tout jamais. »

Le sentiment éprouvé dans ce cas est d'avoir été manipulé et abusé, et généralement la victime de ces stratagèmes pardonne difficilement. Il s'agit donc de mettre en place une véritable et non une pseudo-participation.

• *Commencez par demander à votre enfant ses idées sur les manières susceptibles de régler le problème.* Vous arriverez ainsi à l'impliquer davantage dans le processus d'invention de la solution.

• *Evitez les contre-propositions immédiates.* Ne rejetez pas les idées émises. Explorez-les. Invitez votre enfant à vous les expliquer. Demandez-lui de vous indiquer sur quoi il les fonde. Vous aurez ainsi plus de chances de le voir accueillir à son tour vos idées.

• *Montrez-lui les efforts que vous faites pour trouver des solutions.* Ceci va le réconforter, car il va comprendre combien vous tenez à lui. Il va être ainsi encouragé à coopérer à son tour.

• *Devant une impasse, proposez des solutions sous forme de suggestions.* Il ne faut jamais se satisfaire d'une acceptation rapide, de la part de l'enfant, destinée à faire plaisir ou à éviter la discussion. Il est préférable d'insister sur le caractère non obligatoire de votre solution et l'inviter à réfléchir à ses avantages.

• *Face à une exigence inacceptable, reformulez-la comme si c'était un choix possible parmi d'autres au lieu de la rejeter en bloc.* Cela évitera de créer un blocage chez l'enfant, tout en laissant ouverte la possibilité de création d'autres options.

Pour terminer, gardez présent à l'esprit que, quelle que soit l'issue, il faut qu'il sauve la face. La porte de sortie doit être honorable et, en aucun cas, indiquer qu'il s'est déjugé.

A vous maintenant. Quels sont les moyens que vous utilisez avec succès pour parvenir au consensus ?

....

....

....

Cinquième étape : profiter des accalmies pour consolider l'accord

Toute négociation comporte trois phases : la préparation, la conduite et le suivi. Cette troisième partie est souvent négligée par ceux-là mêmes dont c'est le métier. C'est désolant, car ce qui peut paraître, de prime abord, fastidieux et inutile, peut être riche d'enseignements précieux pour la conduite d'autres négociations à venir.

Rappelons-le, la relation parent-enfant se caractérise par sa continuité dans le temps et sa durée. Vivre sous un même toit facilite l'analyse « a posteriori » des engagements pris de part et d'autre et la manière utilisée pour y parvenir.

Au risque de choquer certains, ma première recommandation est de formaliser ces engagements par écrit. Associer les enfants à leur rédaction va les impliquer davantage

et accroître, de la sorte, leur adhésion. Outre la réduction considérable des risques de désaccord ultérieur sur l'accord, cela va lui conférer un caractère solennel et contribuer encore plus à son respect. La possibilité de renégociations postérieures, pour prendre en compte un imprévu ou un changement de situation, s'en trouvera facilitée.

Afficher l'accord dans un endroit visible constitue ma deuxième recommandation. Non seulement ce rappel constant remplace avantageusement votre propre discours et réduit le nombre éventuel de vos interventions, mais il dénote aussi l'importance accordée au travail entrepris. C'est un facteur puissant de motivation pour vos enfants.

C'est quand ils sont calmes que les chances de faire passer vos messages sont les plus grandes. Profiter de ces moments d'accalmie pour faire une analyse a posteriori de l'accord, examiner et découvrir ce qui l'a facilité et ce qui l'a freiné, c'est vous donner la chance de tirer les fruits de l'expérience et donc d'apprendre à apprendre. N'en profitez pas, néanmoins, pour chercher à leur montrer que vous avez raison et eux tort, vous risquez de freiner leur coopération à ce travail d'analyse.

Conditions de succès : identifier le non-négociable et négocier le négociable

Le pouvoir en négociation revient à appliquer ses efforts là où c'est le plus payant, c'est-à-dire là où il est possible de modifier les choses. Reconnaître et délimiter ce qui est non négociable pour le parent et accepter qu'il peut en être de même pour l'enfant est un préalable indispensable. Vouloir forcer un adolescent à modifier sa coupe de cheveux ou empêcher un enfant de cinq ans à sucer son pouce est voué à l'échec. Mais, dans ces cas, les enjeux sont souvent d'un autre ordre et peuvent échapper même aux parents.

A l'inverse, prétendre qu'une situation est négociable alors qu'elle ne l'est pas – par exemple, les règles de sécurité d'une manière générale – conduit à des blocages.

Il n'y a pas pire que la pseudo-négociation, surtout quand le voile est levé et que la manipulation est découverte. Les enfants n'oublient jamais. Respecter les besoins des parents et ceux des enfants est une règle fondamentale pour aboutir au succès. Ce sont les seuls éléments qui soient vraiment non négociables.

TEMOIGNAGE

Yvonne, mère de trois enfants, a cherché à mettre en pratique ces principes. Sa fille de sept ans ne voulait jamais la laisser sortir seule avec son mari le soir. Chaque fois, c'était la même histoire, les mêmes plaintes :

Stratégies adoptées

« Vous nous laissez toujours seuls, vous êtes déjà sortis l'autre jour, nous on va s'ennuyer pendant que toi et papa vous êtes au restaurant et que vous vous amusez sans nous, etc. »

A plusieurs reprises, la mère céda tout en sachant que sa fille allait tomber de sommeil au bout de cinq minutes.

Perdant/Gagnant : Laxisme : céder sur ses propres intérêts de parents engendre de la frustration.

La mère : « Ils ne tiennent pas à table le soir au restaurant. Dès qu'ils ont mangé le premier plat, ils veulent aller dormir : " Alors, on rentre quand ?... Je veux rentrer à la maison... Ça y est, maman, nous avons mangé... " Cela devient infernal. »

Sachant cela, elle avait parfois essayé de raisonner sa fille en lui rappelant ce qui s'était produit la fois précédente. D'autres fois elle avait tenté de la convaincre en lui disant que le restaurant où ils dînaient n'allait pas lui plaire, puisqu'elle préférait le MacDo. Elle déployait des masses d'énergie pour lui faire comprendre que le restaurant n'était pas un lieu pour elle, mais rien n'y faisait.

Chercher à persuader et à convaincre en vendant nos idées.

Refuser le point de vue de l'autre en lui montrant qu'il se trompe.

La mère : « C'était rageant à la fin. En plus, je suis très soucieuse du bonheur de mes enfants, je veux qu'ils soient contents et qu'ils se portent bien, je ne veux pas les rendre malheureux. Alors, et malgré l'expérience, je finissais par l'emmener, sachant, par avance, que la soirée serait gâchée.

« Parfois, mon mari finit par dire : " Allez, on y va. " Ma fille se met alors à pousser des hurlements pour nous empêcher de partir, elle pleure à vous briser le cœur. Alors, je culpabilise à mort et je ne peux m'empêcher de téléphoner du restaurant. Bien entendu, ma fille, à ce moment-là, est calmée depuis longtemps, mais dès qu'elle sait que je suis au bout du fil, elle remet ça. Moi, je suis tellement malheureuse que ma soirée est de toute façon fichue, je n'en profite pas.

Gagnant/Perdant : Le manque de considération pour le besoin de l'enfant génère de la culpabilité.

« C'est pour cela que j'avais souvent fini par renoncer à sortir, et me priver ainsi était tout aussi désagréable et frustrant. J'ai fini par comprendre que plus on cédait, plus elle allait continuer. Les enfants peuvent être tyranniques : ils vous font un vrai chantage. »

Perdant/Perdant

Un soir qu'ils avaient vraiment envie d'être tranquilles et donc d'être seuls, sa fille reprit son refrain habituel :

« Je ne veux pas que vous sortiez.

Elle prend une position.

– Pourquoi veux-tu qu'on reste, alors que nous avons envie d'aller dîner seuls dehors ?

Rechercher les intérêts derrière les positions.

– On va rester seuls et on va s'ennuyer, pendant que vous vous amuserez sans nous au restaurant. »

La mère : « Ecoute, papa et moi, nous avons besoin ce soir d'être un peu tranquilles ; c'est la raison pour laquelle nous sortons.

Donne ses intérêts sans les cacher derrière un discours du type : c'est pour ton bien que tu dois rester.

« En fait, ce que tu désires, c'est t'amuser. Je me demande comment nous pouvons faire pour nous amuser toutes les deux, mais pas forcément ensemble. »

Recadrage sur les intérêts véritables de sa fille et les siens.

Transformer la situation conflictuelle en problème à résoudre.

Silence de la fille.

Et la mère de poursuivre : « Ecoute ma chérie, nous n'avons qu'à inviter une de tes

Inventer une solution nouvelle

copines à venir passer la soirée avec toi. Tu pourras jouer avec elle, elle pourra même dormir ici si tu le veux. Qui veux-tu inviter ? »

La fille : « Jessica. »

On appela la mère de Jessica, qui accepta, enchantée à l'idée de passer une soirée tranquille. La maman de la fillette lui fit choisir le menu de leur dîner, ce qui rendit plus merveilleuse encore cette perspective de rester à la maison.

Résultat : la satisfaction de la fille était double. Jessica dormait chez elle et, le lendemain, elles décidèrent de déjeuner ensemble, ce qui n'était pas prévu à l'origine.

La mère : « Le lendemain, la maman de Jessica me téléphona pour s'assurer que sa fille ne l'avait pas réclamée... Au moment de me la confier la veille, elle avait insisté pour que je n'hésite pas à l'appeler pour venir rechercher sa fille, même tard, si elle la demandait. Quand je lui répondis qu'elle ne l'avait pas réclamée une seule fois, elle me parut un peu vexée. Par contre, avoir sa matinée pour faire ses courses lui convenait parfaitement. De mon côté, je n'entendis pas ma fille de la matinée tellement elle était occupée à jouer avec son amie, alors qu'habituellement, les mercredis, il faut s'ingénier à lui trouver des occupations. »

formulée du point de vue des intérêts de l'autre partie.
La lui proposer sans l'imposer.
La faire participer à son élaboration et à sa mise en pratique.
Elargissement satisfaisant d'autres intérêts, dans ce cas ceux de la maman de Jessica.

Faire participer l'enfant.

L'élargissement du gâteau à d'autres intérêts optimise l'accord.

Deux enfants du même âge viennent rarement vous demander : « Qu'est-ce qu'on peut faire maintenant ? » car ils s'inventent tout seuls leurs jeux.

Quelque temps après, la mère de Jessica invita la petite fille chez elle...

Cette anecdote met bien en lumière ce que disait souvent Françoise Dolto : les enfants aiment vivre avec les enfants de leur âge, mais les mères pensent que leurs enfants ne sont heureux qu'avec elles. Pour que les enfants conquièrent leur autonomie au jour le jour, « le préalable consiste à mettre l'enfant avec sa classe d'âge, les parents demeurant avec la leur [1] ».

Le parent doit aider l'enfant à découvrir sa motivation exacte, car il est, bien souvent, incapable d'y parvenir seul. Mais, si vous l'aidez à la clarifier, il ne manque pas de vous la confirmer. Une fois votre hypothèse admise par l'enfant, l'élargissement du gâteau ou l'invention d'une nouvelle option n'est plus, alors, qu'une question d'imagination et de créativité. La solution finale dépendra du besoin réel de l'enfant et des contraintes de la situation.

Il vous appartient de voir le problème de son propre point de vue et non pas seulement du vôtre. Pour cette fillette, si sa maman s'amuse au restaurant, elle va certainement s'ennuyer : le plaisir de l'une implique forcément un déplaisir pour l'autre.

Nous avons décrit le cheminement à suivre pour aboutir à des accords gagnant-gagnant qui procurent – et nous préférons cette terminologie – un bénéfice ou un avantage mutuel. C'est l'art de sortir des dilemmes entre « je cède » ou « j'impose », « je sors » ou « je ne sors plus », « je l'emmène » ou « je la laisse pleurer ».

1. Françoise Dolto, *La Cause des enfants*, Laffont, 1985.

SECONDE PARTIE

LE PARENT MÉDIATEUR

Créer des passerelles entre... vos enfants

POUR UNE PREMIERE MEDIATION J'AURAIS SOUHAITÉ UN CAS MOINS COMPLEXE !
ON POURRAIT PEUT ETRE LES PRIVER DE DESSERT POUR COMMENCER !
ONU
ONU
PROBLEME

Nous allons voir maintenant comment les méthodes développées précédemment peuvent aider à prévenir et à résoudre les conflits qui surviennent entre les enfants. Nous passons du parent négociateur au parent médiateur, d'une relation à deux à une relation à trois ou plus.

Dans ce cas, le parent n'est pas directement impliqué dans le conflit. Le problème survient en dehors de lui, même s'il s'exprime par rapport à lui : accaparer son attention, le détourner d'un frère ou d'une sœur, etc.

« Maman, mon frère m'a tapé dessus / Non, c'est elle qui a commencé. »

« Papa, elle ne veut pas me donner le crayon rouge / C'est à moi, et puis j'en ai besoin, d'abord. »

« Maman, il me réclame la capsule qu'il m'a donnée hier / Non, c'est pas vrai, je la lui ai prêtée seulement. »

« C'est moi qui ai trouvé l'idée en premier et elle ne veut pas me laisser faire / C'est pas vrai, je l'avais là, en tête. »

Si l'on vous demandait de noter au cours d'une journée les situations analogues entre vos enfants, vous rempliriez certainement plusieurs pages. Les occasions de conflits entre frères et sœurs tournent le plus souvent autour de la propriété, la volonté ou non de partager, le territoire réservé, etc. En tant que parent, vous vous plaignez de ce que vos enfants ne peuvent pas rester une minute ensemble sans qu'une bagarre n'éclate entre eux. Quand ils jouent tranquillement, vous êtes radieux et rassuré. Mais, que le désaccord survienne, accompagné de son cortège d'insultes, de cruauté, de moqueries, de méchanceté, de colère, de haine, de pleurs et d'agressivité, et vous voilà aussitôt désemparé.

Pas moyen de vous concentrer sur une tâche urgente, de lire votre journal, de déguster votre dîner, d'avoir une petite conversation entre époux, sans être assailli par la demande d'intervention de l'un d'entre eux ou par leur chahut.

« Ils trouvent toujours le moyen de venir me déranger quand il ne faut pas. » Mais, au fait, ce moment opportun existe-t-il vraiment ? Y a-t-il réellement un moment de votre journée où vous puissiez vous installer dans la sérénité du sage et inviter alors vos enfants à laisser libre cours à leurs chamailleries ? Ne s'agit-il pas en permanence d'interventions à chaud à des moments toujours inopportuns ?

Vous souhaitez alors envoyer au diable ces psychologues et ces pédagogues qui vous enseignent que ces disputes sont non seulement utiles mais nécessaires au développement de vos enfants et qu'elles constituent un terrain d'entraînement aux difficultés de la vie en société.

Faut-il alors crier plus fort qu'eux, pour leur signifier qu'ils vous gênent ? Hurler pour leur démontrer que crier est mauvais ? Leur administrer une fessée pour exprimer votre désapprobation face aux coups qu'ils se donnent ?

Votre vie doit-elle être un enfer, parce que vous avez plusieurs enfants ? Non.

I. Quelles sont les causes profondes des conflits entre frères et sœurs ?

II. Quelles sont les approches inefficaces les plus courantes face à ces conflits ?

III. Comment intervenir en tant que parent médiateur ?

Voilà les questions auxquelles nous tenterons de répondre dans cette partie.

I.
Les conflits entre frères et sœurs

– Quand est-ce que tu aimes le plus ton petit frère ?
– Quand il est au lit et qu'il dort.
(Corentin, trois ans et demi.)

C'est chez Freud et dans la psychologie moderne que nous trouvons une partie importante de la réponse. Pour mieux en comprendre les mécanismes, mettons-nous un instant à la place de Sa Majesté « l'Enfant-Roi Ier ».

Il a son papa et sa maman tout à lui et il est le centre du monde. Puis, un jour, le ventre de la mère subit des transformations bizarres. Peut-être qu'elle mange un peu trop ou qu'elle ne fait pas assez de sport. Les jours passent et elle n'a pas cessé de gonfler. Peut-être qu'une maman est prête à se transformer en ballon pour faire plaisir à son enfant. Mais pourquoi lui demande-t-elle de faire attention quand il lui touche le ventre alors qu'il aurait plutôt envie de taper dessus ?

Puis, un jour, maman disparaît, et on lui dit qu'elle vient d'avoir un bébé. Puis, quatre ou cinq jours après, la voilà qui arrive et lui présente le nouveau venu. Tout attendrie et pleine de sollicitude, elle lui demande de dire bonjour à ce qu'elle qualifie de « mignon petit frère ». C'était donc cela la surprise ? Un intrus, oui ! Mais c'est quoi, cette chose ?

Et dire qu'on ne lui a même pas demandé son avis avant de l'inviter. Quoi ?... Il n'est pas seulement en visite, c'est sa maison aussi ? Ah bon ! ah bon ! Mais il va être lourd à porter comme ça tout le temps. Mais pourquoi retires-tu ma poupée de son lit, tu vas la réveiller... Quoi ? C'est le lit de mon petit frère, maintenant ? Tu es méchante, maman, t'es pas gentille avec ma poupée, elle va sûrement être mécontente et je serai d'accord avec elle, car c'est pas juste. Et si, dorénavant, elle pleure et crie ou fait pipi au lit, tu sauras bien pourquoi.

L'Enfant-Roi Ier vient de subir la première et grande désillusion de sa vie : il ne suffit pas à sa mère. Lui qui croyait être l'unique objet de son désir, découvre, et avec quelle horreur, qu'elle existe en dehors de lui. Et comme un malheur n'arrive jamais seul, voici que soudain une pensée sordide va jaillir : « Pour me faire ça, elle ne doit plus m'aimer assez. »

Le mot est lâché, et avec lui, voici venu le temps de l'acte II du drame : la naissance d'un autre enfant crée une angoisse profonde de perte de l'amour du père et de la mère. Le piédestal sur lequel l'enfant unique était perché vient de s'effondrer.

Je n'oublierai jamais comment notre fille de deux ans s'est précipitée dans le landau préparé pour accueillir son frère, dès que, de retour de clinique, nous avions franchi, ma femme et moi, le seuil de la maison. Nous l'avions pourtant soigneusement tenue informée tout au long de la grossesse pour lui faciliter l'acceptation de l'événement.

Il est vrai que certains enfants subliment leur désir de mort pour l'indésirable nouveau venu en se montrant hyper-gentils et pleins d'égards envers lui. Parfois, cela prend des tournures angoissantes pour les parents.

Le ventre de la fillette de quatre ans d'un couple d'amis s'est mis à gonfler, inconsidérément, cinq mois après la naissance de son petit frère, et les pistolets sont devenus ses jouets favoris. Après que tous les examens cliniques se furent révélés négatifs, les parents ont dû se rendre à l'évidence : il s'agissait bien là d'une réaction psychologique ; son frère la « gonflait » pour ainsi dire.

Quand il voit ses parents consacrer du temps au nouveau venu, lui donner de l'amour, l'enfant conclut qu'il y en aura forcément moins pour lui. Il se sent menacé dans sa survie : il va être en manque.

Ses parents s'extasient-ils devant le nouveau venu ? L'enfant en conclut qu'il est forcément moins bien que celui-ci et qu'ils le préfèrent. S'ils en ont voulu un autre, cela ne signifie-t-il pas d'une manière irréfutable qu'il n'était pas un objet d'amour suffisant pour eux ? Et un intense sentiment de jalousie s'installe.

Manque et jalousie créent le désir d'avoir, à soi seul, tout l'amour du père et de la mère. Le frère ou la sœur devient le rival indésirable qu'il faut battre ou abattre. La relation entre frères et sœurs se place d'emblée sur le mode de la compétition, avec son corollaire : la nécessité d'un gagnant et d'un perdant.

Dorénavant, chacun nourrit, pour celui ou celle par qui le manque arrive, les desseins les plus sombres, avec l'espoir de s'en débarrasser. Tout devient prétexte à duel et combat et chacun éprouve le désir de battre l'autre, voire de l'éliminer.

Les enfants jouent calmement, et soudain, c'est l'explosion. Ce qui habituellement est un détail prend aujourd'hui des proportions énormes. Une légère discorde, et les étapes de l'escalade sont allégrement franchies. En quelques secondes, l'incident vire au drame.

Que l'un veuille aider sa mère, voilà que l'autre veut faire encore plus et mieux, ou préférera saccager le travail de ce « fayot ». Que l'un offre un dessin, un collage ou une peinture à ses parents, l'autre puise aussitôt dans ses talents pour en faire autant. Bientôt, des hurlements ou des plaintes vous indiquent qu'une menace de destruction pèse sur l'une de ces œuvres ou bien qu'elle a déjà été volontairement déchirée par l'un de ces petits chéris. Ou encore : tous les deux veulent avoir le privilège d'ouvrir la porte de la voiture, du garage, de la maison. Tous les deux veulent se mettre devant, à droite, à gauche, au centre.

Tous les deux veulent ce crayon-ci, s'asseoir à côté de papa ou l'accompagner seul pour faire une course. Si l'un refuse de manger, l'autre va vider son assiette. Si l'un aime les fruits, l'autre refuse d'en goûter. Si l'un veut aller chez MacDo, l'autre ne veut plus entendre parler de restaurant, alors qu'une minute plus tôt, c'est lui qui le réclamait haut et fort.

Quant à leurs moyens spontanés de régler leurs différends, ce sont les gifles, les coups de pied, les hurlements ou la destruction d'un objet appartenant à l'autre.

Face à ce type de situation, les cinq réponses inadaptées les plus usuelles sont les suivantes :

« Je peux crier plus fort. »

« C'est à l'arbitre de siffler les fautes. »

« C'est leur problème, pas le mien. »

« Vous allez me tuer. »

« Je vous en supplie, arrêtez. »

Nous allons les décrire successivement.

II.
Les stratégies inefficaces et les réponses inappropriées

1. « Je peux crier plus fort »

Si, dans ces circonstances, le père ou la mère viennent ajouter leurs décibels au concert général, cela tournera vite à la corrida. Tout le monde parle en même temps, personne n'écoute l'autre. La tension monte, et là vous sentez que bientôt vous allez perdre le contrôle de vous-même. Vous restez focalisé sur l'objet du différend – la propriété d'un objet, d'un vêtement par exemple – et commencez à élever la voix pour essayer de démêler les leurs. Rapidement vient s'ajouter au conflit entre les enfants, un conflit parent-enfant. Et s'il est vrai qu'un magistral « ÇA SUFFIT, vous êtes insupportables ! » met fin à la cacophonie générale, il ne règle rien. Tout le monde se quitte avec un sentiment de malaise qui s'ajoute au cocktail détonant de colère, de frustration, de haine, de chagrin et d'injustice.

Il se peut qu'au fond de lui-même un des enfants ait le sentiment d'avoir remporté une victoire ; même s'il n'a pas obtenu gain de cause, il a empêché l'autre de l'obtenir, mais souvent ce résultat aura un goût amer. L'enfant peut en éprouver des remords, se sentir coupable ou encore être angoissé parce qu'il a le sentiment d'avoir franchi des limites sans que l'adulte n'ait su y mettre un frein. C'est à vous qu'il va maintenant en vouloir.

Destinée, en principe, à mieux maîtriser le conflit et à calmer le jeu, l'intervention du parent a eu, dans ce cas, un triple effet négatif d'enlisement :

• En devenant partie prenante, le parent ne fait qu'élargir le cercle des combattants embourbés dans la querelle. Dès lors, il va recourir à son pouvoir pour trancher le conflit et risque d'engendrer chez les enfants des sentiments de révolte.

• En multipliant involontairement le nombre de points sur lesquels porte le conflit, il crée une confusion et le rend encore plus inextricable.

• En attaquant la personne même de ses enfants, au lieu de rester centré sur le problème à résoudre, il opère un déplacement de celui-ci sur les qualités personnelles. Cette réponse hostile engendre des sentiments négatifs entre les parents et l'enfant.

Les résultats obtenus sur-le-champ – un arrêt éventuel des hostilités – seront vite contrebalancés par le constat qu'un mur s'est dressé entre vos enfants et vous.

2. « C'est à l'arbitre de siffler les fautes »

Si renvoyer toutes les parties dans leurs chambres ne résout rien, donner raison ou tort à l'une d'entre elles a des conséquences tout aussi fâcheuses. Nous en avons dénombré trois principales :

• Premièrement, à trop vouloir trancher les problèmes à leur place, vous renforcez la dépendance de vos enfants à votre égard pour résoudre leurs conflits. Vous les privez ainsi de précieuses occasions de s'entraîner, dans l'environnement familial, à faible risque, à confronter leurs besoins réciproques et à apprendre ainsi à trouver des zones de consensus acceptables pour les deux. Ils auront ensuite davantage de difficultés à affronter le monde extérieur.

• Deuxièmement, et quelles que soient les raisons rationnelles invoquées, votre arbitrage, à l'instant même où il déclare le vainqueur, nomme sans le vouloir le vaincu. C'est le revers de la médaille. C'est la mort donnée en même temps que la vie. Le drame, dans cette affaire, c'est que les effets sont néfastes aussi bien pour le gagnant que pour le perdant.

Le premier va avoir l'illusion qu'un comportement inadapté – insister, pleurer, tricher, cacher son jeu, ou simplement être persuadé d'avoir raison, de son propre point de vue – sera toujours récompensé. Il suffit d'être plus fort ou plus malin. Consacrer la réussite de sa stratégie, qu'il ait tort ou raison, c'est encourager sa répétition. Les retours de bâton peuvent être cinglants le jour où papa ou maman ne seront pas là pour approuver et que ça ratera. Bonjour la névrose !

Quant au perdant, il se trouve avec un profond sentiment d'injustice. Le parent arbitre lui paraîtra foncièrement injuste, et le frère ou la sœur deviendra l'ennemi juré. Dès lors, il n'aura de cesse de fourbir ses armes pour préparer la revanche et défouler le ressentiment accumulé. Et lui n'aura pas besoin d'exercices pour entraîner sa mémoire... d'éléphant. Tôt ou tard, les représailles seront à l'œuvre, et il vous faudra beaucoup de discernement pour relier l'événement de demain à celui d'aujourd'hui ou d'hier. Il est même possible qu'inconsciemment il vous en veuille, parce que vous lui avez donné tort. Alors qu'il a besoin pour sa propre estime de paraître fort et donc de sortir du conflit sans dommages, par votre arbitrage qui lui est défavorable il se sent enfoncé et perd la face. Mais vous haïr lui est intolérable, car vous êtes l'être qu'il chérit le plus au monde ; il va donc se sentir coupable. Si, par ailleurs, l'expression des émotions est réprimée, les cauchemars constitueront l'exutoire privilégié.

• Troisièmement, en prenant fait et cause pour l'un des belligérants, vous avez perdu votre qualité de tiers neutre et endossé celle de partie prenante. Et bien souvent, vous allez à nouveau être sollicité pour contrôler et suivre la mise en application de l'accord.

Dès lors, vous serez tenté par le cortège des approches traditionnelles – menace, violence physique, intimidation, etc. – pour obtenir gain de cause auprès du récalcitrant. Cela achève de vous empêtrer dans un conflit qui n'était pas le vôtre. Et alors que vous allez rester sous l'emprise de l'émotion d'avoir tranché leur conflit, vos enfants, eux, vont reprendre tranquillement leurs jeux. Comme le dit ce parent : « En intervenant, on se rend compte après coup qu'on a amplifié un conflit pas grave du tout qui allait disparaître de lui-même. »

3. « C'est leur problème, pas le mien » : démissionner

« Il n'y a rien à faire, ça ne sert à rien d'essayer. »

Par rapport au cas précédent, la différence tient à la gravité de la situation. La stratégie du laisser-faire, qui s'exprime par « Débrouillez-vous entre vous » ou bien « Je fais la sourde oreille », présente quelques avantages quand elle est appropriée au contexte.

Les enfants se disputent, certes, mais tentent de régler seuls leur différend. Ils ne sollicitent pas votre intervention et ne viennent pas se plaindre de l'issue en vue. En restant en dehors, vous les aidez à se responsabiliser et favorisez ainsi leur accès à l'autonomie. N'est-ce pas là votre but ?

Quant à vous, vous réalisez une économie sur les plans énergétique et émotionnel. Pourquoi multiplier inutilement les sources de stress et de risques d'énervement ?

En revanche, se désintéresser volontairement de leur problème alors que manifestement ça tourne mal, qu'il y a danger, ou bien que l'un d'eux réclame votre assistance, constitue une démission de votre fonction de parent. Laisser, par exemple, un enfant seul face à une sœur ou un frère physiquement plus fort, et le voilà qui se sent abandonné. « Vous n'êtes jamais là quand j'ai besoin de vous. » Il peut alors vivre une grande frayeur et vous en vouloir de le laisser tomber. Sa confiance en vous peut s'en trouver entamée. Vous ne le protégez pas. De même, comme il se sent vaincu, son estime de soi va diminuer ainsi que sa confiance dans sa capacité de faire face au monde extérieur. Et voilà plantés les germes d'une victime supplémentaire de l'humanité.

Démissionner de son rôle de parent crée également le risque de développer chez l'enfant le sentiment d'une absence de limites. Tous les psychologues vous le diront, cette grande liberté-là est paradoxalement très anxiogène : si tout est possible, qui va le freiner ?

4. « Vous allez me tuer ! »

Une mère peut dire :

« Mais vous allez finir par me rendre folle à la fin. »

« Mais qu'est-ce que j'ai fait au bon Dieu pour avoir des enfants comme vous ? »

« A cause de vous, je suis malheureuse et déprimée. »

Le parent sous-entend que l'enfant est la cause de sa misère. Il reporte la faute sur sa progéniture.

Par cette approche, le parent cherche à angoisser ses enfants. Elle est destinée à faire naître des sentiments de culpabilité et fait planer la menace à peine voilée d'être à jamais responsable de l'irréparable.

Si elle a des chances de fonctionner un certain temps avec les tout-petits, elle perd progressivement de son efficacité. Par ailleurs, si elle coupe court au conflit, elle en empêche le règlement. Et enfin, elle laisse des traces indélébiles dans la relation parent-enfant.

Incapables de donner à ces jugements leur juste valeur, les enfants vont les intérioriser et développer des troubles du caractère semblables à ceux de leurs parents. Le refus d'assumer la responsabilité de leurs problèmes et d'être ainsi à même de les résoudre en sera la manifestation la plus directe. Perdant une liberté de choix, ils se considéreront, leur vie durant, comme des victimes.

5. « Je vous en supplie, arrêtez ! »

Implorer et supplier ses enfants de cesser leur bagarre et de se comporter selon votre souhait conduit rarement au résultat désiré. A peine avez-vous le dos tourné qu'ils recommencent de plus belle. Vous aurez beau leur rappeler leur promesse, elle n'aura duré que le temps de la formuler.

L'inefficacité de cette approche tient à deux raisons majeures :

- Supplier vos enfants, c'est, en quelque sorte, vous mettre à leur merci en leur reconnaissant un pouvoir sur vous. Dès lors, ils vont éprouver un malin plaisir à vous faire sortir de vos gonds pour tester et mesurer leur propre impact sur vous.
- C'est également la nature de votre demande sous-

jacente à votre attitude qui est en question : au travers de vos lamentations, vous espérez que vos enfants vous plaignent pour votre malheureux sort. Cela ne constitue pas une raison suffisante pour mettre un arrêt au comportement déploré.

Nous sommes convaincus qu'aucun parent ne désire consciemment :

– avoir des enfants soumis, dépendants, incapables de se prendre en charge, ayant peu d'estime de soi et dépourvus de confiance en eux-mêmes ;

– avoir des enfants qui se haïssent cordialement et ont hâte de se séparer.

Pourtant, ce sont là les conséquences probables de ces réponses inadaptées. Alors, comment en sortir ? Quelle stratégie adopter ?

III.
Le parent médiateur : mode d'emploi

Définir ses buts

Il convient, avant d'agir dans les conflits entre enfants, d'être clair et de bien définir les buts poursuivis. Ces derniers constituent la vision à long terme qui guide les relations au sein de la famille. Un parent efficace doit poursuivre, à notre avis, les objectifs suivants : d'abord trouver les moyens de prévenir ou de diminuer les occasions de conflit entre frères et sœurs ; réduire l'hostilité et calmer les tensions ; accroître leur autonomie et leur capacité à résoudre entre eux et par eux-mêmes leurs problèmes ; les préparer et les entraîner à faire face aux difficultés de la vie adulte.

Dès lors, la stratégie mise en œuvre pour atteindre ces buts à long terme s'articule autour de trois grandes lignes :

• Eviter de générer soi-même des conflits entre les enfants.

• Développer leurs capacités à gérer eux-mêmes leurs différends.

• Intervenir en cas de besoin réel en tant que parent médiateur.

A. Eviter de générer soi-même des conflits entre les enfants

> On raconte que Dieu dit un jour à Gertrude, qui haïssait sa sœur :
> – Demande-moi ce que tu veux et je lui en donnerai le double.
> Gertrude réfléchit un instant puis répondit :
> – Crève-moi un œil.

Il serait hasardeux de chercher à dresser la liste de toutes les occasions qui, du fait du parent, engendrent un conflit, immédiat ou différé dans le temps, chez ses enfants.

En revanche, ayant compris les origines du conflit, vous possédez désormais la clé qui vous aidera à repérer et à traquer celles de vos conduites qui jettent involontairement de l'huile sur le feu.

Le fil conducteur est simple : tout ce qui peut réveiller et attiser la blessure « Maman ou papa l'aime plus que moi » ou bien « Mon frère ou ma sœur est inévitablement mieux que moi » doit être repéré et évité. Il s'agit d'une véritable chasse aux comportements de nature à provoquer rivalités et jalousies.

Nous allons, à titre d'illustration, en décrire trois : trop complimenter, trop les comparer et trop prendre parti.

1. Les compliments excessifs

Depuis que l'on sait que la critique systématique sape la confiance de l'enfant en ses capacités et crée ainsi le résultat opposé de celui désiré, beaucoup de parents sont tombés dans l'excès inverse.

N'avoir de cesse de se répandre en éloges devant l'exploit du chérubin concerné, de s'extasier en multipliant les superlatifs finit par transformer l'oreille de l'autre enfant en radar géant capable de capter n'importe quel signe venant de l'univers. Mais ce radar n'a rien d'une machine, et chaque signal qui s'imprime est décodé puis réinterprété pour reconfirmer l'a priori de départ : « Si on l'aime plus que moi, c'est de sa faute ; il a pris ma place, c'est un usurpateur. »

Oui au compliment mérité, spécifique et adapté ; non au déluge disproportionné noyant tout sur son passage. Oui au compliment discret et réservé directement à l'enfant ; non au compliment voyant, tapageur et délivré en conférence de presse.

2. Les comparaisons systématiques

« Moi c'est moi, et lui c'est lui » : rappelez-vous cette phrase de Laurent Fabius, alors Premier ministre, demeurée célèbre dans les annales politiques.

« S'il y a un modèle ou un étalon de mesure, il faut que cela soit moi », semble s'écrier l'enfant toujours présent en chacun d'entre nous.

Si vous leur dites : « Ton frère finit toujours ses plats, son travail, ses devoirs, sans que l'on soit obligé de le lui demander » ou « Tu ne peux pas prendre exemple sur ta sœur qui range toujours sa chambre, ses vêtements, ses jouets..., elle », le message reçu en face est sans équivoque : « Mon frère, ma sœur, le cousin, la cousine, l'ami, le collègue... est forcément meilleur(e) que moi. »

La figure d'autorité parentale cite l'autre comme exemple à suivre, l'enfant se sent rabaissé dans ce qu'il est et ce qu'il fait. Et cet autre, à qui on lui demande de ressembler, devient un rival détesté.

Il se peut que l'enfant choisisse de faire encore mieux pour battre son ennemi et reconquérir ainsi l'amour perdu. En revanche, il n'est pas rare qu'il cherche à se distinguer en choisissant délibérément d'être le meilleur, mais à l'autre bout de l'axe. En étant moins responsable, en ratant ses examens, en cultivant le désordre et l'indiscipline. Il attirera, autrement certes, l'attention de ses parents.

Les comparaisons systématiques, surtout quand elles sont régulièrement en faveur des mêmes, font naître une rivalité néfaste, source de haine et de déchirement, entre frères et sœurs.

En effet, elles créent une discrimination entre les prétendus mauvais et les bons. Elles provoquent le sentiment qu'il y a d'un côté le « chouchou » qui a la place privilégiée et puis les autres. Mais, à trop être en vue, ce préféré risque d'y laisser sa peau, tant sa place est enviée par les autres. Ils vont guetter ses moindres faux pas et devenir des mouchards. Et si vous n'êtes pas vigilants pour couper court à ce genre de procédé destiné à se rehausser en abaissant l'autre, vous allez alimenter à l'infini leurs querelles intestines.

Alors, HALTE aux comparaisons.

3. Les prises de parti permanentes

« C'est toujours pareil, tu lui donnes toujours raison, parce que c'est le petit, parce que c'est l'aîné, parce que c'est le cadet, parce qu'il est malade, etc., c'est pas juste. »

Nos enfants nous rappellent régulièrement à l'ordre et oublient rarement nos arbitrages... surtout quand ils leur sont défavorables. Quelles que soient les raisons qui nous poussent à trancher dans un sens ou dans l'autre, l'enfant déjugé ne le voit pas du même œil ni ne le vit avec le même détachement.

Qu'il soit le sensible que nous voulons protéger, l'aîné que nous voulons valoriser, le malade à qui nous souhaitons donner une compensation, si l'équité est perçue comme fondée sur le principe des « deux poids, deux mesures », elle désigne inexorablement un privilégié détesté et à abattre.

Trop complimenter, trop comparer, trop donner raison à une même personne sont quelques-unes des conduites parentales qui attisent le feu et remuent le couteau dans la plaie : « Non seulement je ne lui suffis pas, mais en plus je ne suis pas son préféré. » L'amour va manquer. Et quand il s'agit de défendre cette nourriture-là, tous les coups sont permis. N'est-ce pas une question de survie ?

B. Développer leurs capacités à gérer eux-mêmes leurs différends

Papa et maman ne seront pas toujours présents pour les sortir des conflits. Tout comme l'apprentissage de la marche, de la propreté, de la lecture, de la discipline, gérer les situations difficiles s'apprend. La famille offre la possibilité de vivre et d'expérimenter les phénomènes de pouvoir, de rapports de force, de coalition et d'alliance. Pour les enfants uniques, c'est la mise en présence des cousins et des cousines, des copains et des voisins qui remplira cette fonction.

Quatre grandes directions seront explorées. Chacune comprend une ou plusieurs méthodes pratiques.

1. Prendre d'abord conscience de l'existence et de la nature de cette aptitude chez eux : de l'intérêt partagé d'avoir un partenaire de jeu

Les enfants peuvent se détester et se haïr, ne plus vouloir se parler, mais ils s'entendent le plus souvent comme larrons en foire. Quand l'un est loin, l'autre peut être content et soulagé un moment mais vite ressentir le manque et commencer à réclamer son frère. C'est là une des réalités psychiques de l'être humain et donc des enfants. Cela porte un nom, l'ambivalence. L'enfant vit à l'égard de ses frères et sœurs deux sentiments contradictoires. Il est divisé, partagé. Ce sont deux forces, si l'une le pousse à détruire, l'autre le pousse à construire, et, dans ce domaine, il nous surprend en permanence.

Les enfants sont souvent plus intuitifs que les adultes, car ils s'enlisent moins dans le rationnel pour résoudre les différends entre eux. Observez-les à l'œuvre quand tout semble bien se passer. Vous allez vite constater qu'ils parviennent à l'harmonie en procédant par ajustements successifs et en résolvant spontanément de mini-désaccords. Ils y parviennent tout seuls en dehors de toute intervention adulte. Mais là, et j'entends votre objection, pourquoi n'en est-il pas ainsi tout le temps ? Eh bien, parce qu'il y a tout le reste ; il suffit d'un grain de sable pour gripper la machine. Soudain, l'enfant n'a plus envie de partager. Il est convaincu d'avoir « seulement prêté », alors que son frère affirme que « c'était donné ». La passion prend le pas sur la raison. Et l'enfant veut toujours tout et tout de suite ; s'il n'a pas tout, il n'a rien.

Quoi qu'il en soit, ces manières de faire leur réussissent souvent. La sœur veut jouer avec son camion, le frère s'y refuse. Il veut jouer avec sa poupée : « Alors là, pas question. » Puis l'idée va jaillir : « Et si l'on jouait à la poupée qui fait du stop et qui monte dans le camion ? » C'est l'intérêt commun d'avoir un partenaire de jeu qui les incite à se mettre d'accord.

2. Leur montrer qu'ils sont capables de gérer eux-mêmes leurs conflits

Bien souvent, comme nous l'avons auparavant démontré, le parent intervient pour séparer des belligérants qui s'étripent. Il agrémente son intervention de sermons, de critiques, d'attaques personnelles et, en prime, de sa colère dévastatrice. Rien de bien positif. Mais que fait-il quand, justement, alors qu'il voyait venir l'orage, les enfants parviennent à un arrangement qui semble les satisfaire ? Malheureusement rien, sinon lâcher un « ouf » de soulagement.

a) Les surprendre en train de « bien faire » est une technique simple mais ô combien efficace. Beaucoup de parents savent féliciter leurs enfants individuellement. Dans ce cas, il s'agit de les féliciter ensemble.

« Bravo les enfants, vous sembliez faire face à un problème difficile et vous vous en êtes sortis TOUT SEULS. Je suis très fier de voir que vous avez pu trouver une solution. »

Pour renforcer l'impact de vos paroles, prenez-les dans vos bras : l'affection sera aussi imprimée dans leurs corps pour toujours.

Son et toucher agréables, c'est de l'émotion garantie, réserve précieuse pour les moments difficiles. Les spécialistes appellent ce processus « l'ancrage positif ».

Savoir féliciter ses enfants au bon moment exige le respect de quatre points clés :

• *L'immédiateté.* Les enfants apprécient les félicitations immédiates. Et en faisant le lien direct entre la cause et l'effet, ils s'en souviendront mieux.

• *La reconnaissance de la difficulté.* Bien souvent, les parents la dévalorisent ou la sous-estiment par des expressions telles que « Mais ce n'est rien du tout » ou bien « Comment pouvez-vous vous disputer pour une bêtise pareille ? ». Quel mérite auront-ils alors à surmonter un obstacle aussi facile ? Au-delà de la valorisation en elle-même, ce qui va rapprocher l'enfant de son parent c'est le sentiment d'avoir été compris.

• *L'expression du sentiment éprouvé par le parent comporte plusieurs avantages.* Utiliser le message « je » pour parler de soi-même, c'est montrer qu'on est responsable de ses émotions et de ses sentiments. On est loin de la solution de facilité consistant à accuser l'autre de ce qui vous arrive :

« Tu m'énerves », « Vous allez me rendre folle ». Sur un autre plan, identifier et nommer ses émotions est un bon apprentissage pour s'entraîner à les reconnaître. Vous abandonnez ainsi les préceptes d'une éducation interdisant l'expression des émotions – « Un garçon ne pleure pas » –, dont les dégâts ne sont plus à démontrer. En donnant clairement droit de cité à vos sentiments, vous aiderez vos enfants à moins craindre les leurs.

• *La mise en valeur de leur autonomie dans l'élaboration de la solution.* Cela va souligner aussi bien leur mérite d'avoir réussi à éviter l'impasse que leur capacité de se prendre en charge. Leur amour-propre en sort ainsi renforcé. Or, plus ce dernier est fort, plus ils se sentent confiants dans leurs capacités à contrôler les situations. Plus ils ont conscience de l'influence qu'ils peuvent exercer, plus ils sont heureux de vivre.

b) Les encourager à se surprendre seuls en train de « bien faire » correspond au degré supérieur de développement de l'autonomie chez vos enfants. Il s'agit de les amener à prendre conscience de leur conduite positive et à pouvoir se le dire sans le claironner ni avoir besoin de se le faire confirmer systématiquement par papa ou maman. C'est leur apprendre à se congratuler : « Bravo, nous avons réussi à résoudre notre problème. »

Trois attitudes parentales les aideront en cela :

• *Donner l'exemple.* C'est le parent qui se surprend lui-même en train de bien faire (bricolage réussi, jardinage satisfaisant, etc.).

• *Les encourager à le faire.* « Ma foi, quand on fait une si belle peinture, il est bon de se dire qu'on est content de soi-même. »

• *Montrer quelqu'un qui se félicite.* « Regardez, il a l'air satisfait de lui-même. On peut lire sur son visage son plaisir d'avoir réussi. »

c) Les aider à identifier et à nommer ce qu'ils ressentent quand ils font bien.

« Vous devez vous sentir *fier* de vous de réussir ainsi. »

« On doit se sentir *soulagé* de régler un conflit. »

« Je vois des enfants *contents*, ça doit donner beaucoup de plaisir d'être créatif. »

En formulant ainsi vos hypothèses sur leur vécu émotionnel, vous pouvez aider vos enfants à mieux se comprendre. A certains moments, il est possible d'aller plus loin. Une fois que l'accord vous aura été expliqué, vous pouvez en effet leur poser la question :

« Et alors, qu'est-ce que vous ressentez maintenant que le problème est résolu en convenant de faire du vélo à tour de rôle ? » ou bien « Qu'avez-vous éprouvé quand vous vous êtes mis d'accord pour qu'il te donne la moitié de son croissant en contrepartie de la moitié de ton pain au chocolat ? »

Emettre des hypothèses sur leurs émotions ou les amener, par des questions judicieuses, à les découvrir, leur permet d'apprendre à identifier et à accepter les émotions agréables. Cela va les aider par la suite à ne pas être effrayés par celles qui le sont moins : honte, jalousie, haine, etc. Par ailleurs, associer l'acte jugé bon – inventer une solution – à l'émotion qui l'accompagne va permettre aux enfants de mieux mémoriser ces expériences positives et gratifiantes.

Surprendre ses enfants en train de bien faire, les amener à se surprendre en train de bien faire et les aider à identifier et à nommer leurs sentiments quand ils font bien sont trois techniques qui vont leur faire prendre conscience de leurs capacités à gérer eux-mêmes leurs différends. Cela leur donnera la confiance ainsi que de solides repères pour mieux faire face aux difficultés inévitables dans les rapports avec les autres. L'objectif pour chacun étant de s'en sortir au mieux dans ce monde qui n'est ni une jungle ni un paradis.

3. Les aider à comprendre les processus qui les font réussir : leur apprendre à apprendre

Comme nous l'avons dit, les enfants négocient très souvent avec leurs parents, et cela, dès leur plus jeune âge. De même, l'observation montre qu'entre eux les enfants recourent fréquemment aux processus de négociation pour élaborer des formules de conciliation mettant en œuvre leur bon sens naturel. L'un veut jouer aux cartes, l'autre au jeu de l'oie, les voilà qui décident d'alterner les parties. Le pile ou face indiquera par laquelle commencer.

Les aider à comprendre les processus utilisés, instinctivement ou pas, qui concourent à leur réussite et leur évitent les affres des impasses, est la troisième direction préconisée pour développer leurs capacités à gérer eux-mêmes leurs différends.

Leur donner l'habitude de ne pas se contenter du résultat de la négociation mais d'analyser les processus sous-jacents qui y ont conduit, c'est leur donner la chance non seulement de tirer des enseignements de l'expérience, mais également d'*apprendre à apprendre.*

Par ailleurs, plus les enfants vont comprendre les actes dont ils sont satisfaits, plus ils seront tentés de les reproduire. Et, dans les moments difficiles où la tension monte, vous pouvez faire confiance à leurs dons pour retrouver ces procédés appropriés. Pour y parvenir :

a) Leur demander comment ils ont réussi à bien faire. Complémentaire et souvent concomitante aux trois techniques précédentes, celle-ci va remplir plusieurs fonctions :

- Amener les enfants à réfléchir et à découvrir eux-mêmes leurs points forts et leurs points d'effort. Apprendre à réfléchir est une étape sur la voie de l'autonomie.

• Accroître l'adhésion sur l'opportunité de certaines manières de faire, du moment que c'est l'enfant lui-même qui les énonce. Il est recommandé de ne pas corriger les réflexions et les commentaires émis. Les occasions pour qu'ils les rectifient eux-mêmes, si besoin est, sont multiples.

• Démontrer aux enfants, d'une façon crédible et concrète, c'est-à-dire au travers de leur conduite, tout l'intérêt que vous leur portez. Tout en leur faisant plaisir en flattant leur narcissisme, vous profitez de cette occasion pour indiquer la distinction que vous faites entre eux en tant que personnes et leurs comportements. Si ces derniers sont problématiques, il sera d'autant plus aisé de leur démontrer que vous traitez séparément les deux. Cela réduira les blocages de ce qui est souvent vécu comme des attaques personnelles.

• Diminuer les réticences au questionnement. En effet, l'enfant a déjà observé depuis longtemps que les parents l'interrogent surtout quand son comportement leur déplaît :

« Pourquoi as-tu agi ainsi, veux-tu me le dire ? »
« Pourquoi as-tu tapé ta sœur ? »
« Pourquoi as-tu jeté son pull par terre ? »

Il a également observé qu'il était souvent sermonné, critiqué, grondé ou culpabilisé dès qu'il donne la moindre explication. Les « Je ne sais pas », mur infranchissable bien connu des parents, constituent alors sa stratégie du moindre risque. C'est un mécanisme de défense.

Le questionner quand « il fait bien » et pas seulement quand « il fait mal » va introduire un élément d'équilibre. Le changement qui en découle va débloquer des canaux de communication entre les parents et l'enfant, avec, pour conséquence, une meilleure compréhension, facteur clé d'une bonne relation.

b) Leur faire dire ce qu'ils ont apprécié chez l'autre.

« Qu'est-ce qui t'a plu dans la manière utilisée par Muriel pour régler ce problème ? »

« Et toi, comment Denis a-t-il pu te convaincre de jouer d'abord au football ? »

Se faire préciser par l'autre les processus qui l'ont persuadé d'agir dans la direction souhaitée en accroît l'impact et conforte quant à leur efficacité. Sur un plan pédagogique, les bons managers ont découvert depuis longtemps que les collaborateurs acceptent plus facilement les opinions ou les conseils venant de leurs collègues ou de leurs pairs. Ils ont donc *renoncé à être les seules et uniques sources d'information* pour leurs équipes.

Dès lors qu'un des enfants a découvert un processus, vous pouvez tout simplement le reformuler, sans déformer ce qu'il a dit, pour lui en faciliter la compréhension.

c) Faire ressortir les points communs avec des expériences positives passées. Dans cette approche, le parent peut amorcer des liaisons. Il peut faire ressortir telle ou telle démarche positive répétée :

« Vous avez multiplié les idées sans vouloir vous arrêter à la première solution » ou bien « Tout comme ce matin, quand Laura a dit qu'il ne fallait pas de perdant et que Rémy a acquiescé », puis inviter les enfants à faire d'autres rapprochements : « Et vous, que trouvez-vous ici de commun avec votre manière de résoudre le problème précédent ? »

d) Montrer les différences avec des expériences négatives récentes. Il ne s'agit ni d'insister ni de montrer du doigt les incapacités des enfants. Il est possible en revanche de compter sur leur perspicacité pour leur faire découvrir des différences avec des comportements inadaptés auxquels ils ont recours : « Qu'est-ce qui t'avait déplu ce matin dans la manière de faire de ton frère ? » et vice versa.

Il appartient ensuite au parent d'énoncer et de formaliser le processus approprié :

« Vous voyez, les enfants, qu'on n'est pas obligé de se taper dessus pour obtenir ce que l'on veut. »

La combinaison de ces quatre approches, en faisant découvrir les processus constructifs et efficaces de la négociation, va développer concrètement la coopération entre les enfants. Car implorer, supplier, prêcher ou imposer est rarement convaincant pour faire adopter ce mode relationnel. La motivation et l'adhésion viennent du vécu et des avantages dont on a conscience de bénéficier.

La coopération est destinée à contrebalancer la compétition et non à la supprimer. L'observation montre que les négociateurs efficaces savent alterner les modes en fonction du moment. Trop de compétition, et le gâteau à partager risque d'être limité. Trop de coopération, sans savoir réclamer sa part, incite l'autre à abuser d'une si grande naïveté.

En touchant du doigt les processus de négociation qui marchent pour eux, instinctivement ou consciemment, les enfants vont améliorer leur savoir-faire. La dimension ludique et le plaisir de résoudre les différends vont prendre le relais de l'appréhension et de la crainte. Le conflit fait moins peur. Il s'agit bien d'une dynamique d'où peuvent jaillir du progrès et de la nouveauté.

Toutes ces occasions vont vous procurer des sentiments agréables :

- *Pour vous :* que vous êtes de « bons » parents et que vous êtes compétents, d'où des sentiments de confiance et de sécurité.
- *Pour vos enfants :* que leur conduite est « bonne » et qu'ils sont donc dignes d'amour. Cela va augmenter leur estime d'eux-mêmes et renforcer ainsi, en retour, leurs capacités à gérer les différends auxquels ils font face.

Toutes les parties sortent ainsi gagnantes.

4. Les interventions paradoxales

Les trois techniques que nous développons dans cette section s'inspirent des travaux de l'école de Palo Alto [1].

a) S'attaquer à la solution plutôt qu'au problème. A vos enfants qui viennent vous solliciter pour arbitrer leur conflit en s'accusant réciproquement, une réponse du style « Etes-vous sûrs que vous voulez que ça soit moi qui tranche cette affaire entre vous deux et à votre place ? » va les prendre à contre-pied et les pousser à réfléchir. En effet, plutôt que de vous préoccuper, comme d'habitude, de l'objet du conflit, vous déplacez leur attention sur la solution préconisée pour le résoudre - recourir à vous en tant qu'arbitre. L'avantage espéré par chacun - tirer un bénéfice unilatéral - va paraître soudain plus qu'incertain.

Cette technique découle de l'observation : souvent le problème est justement *dans la solution* censée le résoudre. En dévoilant au grand jour ce mécanisme, votre question va provoquer le changement désiré : ils vont remballer leur conflit et généralement arrêter les hostilités.

b) Inverser le jeu relationnel. Dans les jeux relationnels habituels, un vendeur doit pousser à l'achat et le client résister. Un patron doit juger son collaborateur et celui-ci se défendre. Un formateur va chercher à convaincre du bien-fondé de ses méthodes et ses participants le contester.

« Inverser le jeu relationnel » consiste à mettre en place un dispositif qui oblige l'acheteur à se montrer digne de cette acquisition ; qui incite le collaborateur à se noter lui-même, le manager ayant souvent à rectifier l'évaluation, mais à la hausse cette fois ; qui freine les ambitions déme-

1. L'école de Palo Alto se situe en Californie et regroupe autour de Gregory Bateson un certain nombre de chercheurs et de thérapeutes. Ils ont mis au jour le concept de « double contrainte » et défini une approche d'intervention à partir des paradoxes.

surées de changement des participants car *personne ne peut changer très vite.*

Dans le cas des enfants, l'approche consiste à leur renvoyer le problème dès qu'ils viennent vous réclamer de le trancher à leur place : « Que feriez-vous dans ce cas si vous étiez vous-même le parent ? »

Et comme ils ont le parent qu'ils méritent, celui-ci, sans nul doute, sera juste et équitable. Leurs énergies seront dès lors déployées pour inventer des solutions, plutôt que d'être gaspillées à se justifier ou à s'accuser réciproquement.

c) Prescrire le symptôme. Nous avons vu, avec les stratégies inefficaces, que supplier ou ordonner aux enfants d'abandonner une conduite indésirable apporte rarement les résultats escomptés d'une façon durable.

« Prescrire le symptôme » consiste justement à faire l'opposé, c'est-à-dire à en rajouter. A l'enfant qui se plaint d'être provoqué et demande l'intervention du parent, le dialogue peut être le suivant :

« Papa, il me mord, dis-lui d'arrêter.

– Où il t'a mordu ?

– Au bras.

– Seulement là ? C'est tout ! Mais c'est pas vrai ! Mais il baisse ! Allez vas-y, mords-la partout, aux jambes, à la tête, au ventre, dans le dos... Mais qu'est-ce que tu attends ? Quand on mord, on mord... »

Il n'est pas rare que la surprise génère une franche rigolade.

Toutes ces approches témoignent de la considération que les parents accordent à leurs enfants, ainsi que de la confiance en leurs capacités d'assumer la gestion de leurs propres conflits. Considération et confiance vont nourrir et renforcer l'amour-propre des enfants, éléments indispensables pour vous aider à atteindre vos buts de parents efficaces.

C. Intervenir en cas de besoin réel en tant que parent médiateur

Le parent a beau essayer de prévenir et anticiper les conflits, éviter d'envenimer lui-même la relation entre les enfants, leur laisser toutes les opportunités de gérer eux-mêmes leurs problèmes, il n'en reste pas moins vrai qu'à certains moments il sait qu'il lui faut agir ou répondre à la sollicitation. Quand et pourquoi les enfants ont-ils besoin de l'intervention des parents ? Intervenir oui, mais dans quelles conditions ?

Comment définir la médiation ? Etre parent et médiateur, est-ce compatible ? En quoi consiste la fonction de parent médiateur : quelle est la place de la médiation par rapport aux autres modes d'intervention ? Quelles sont ses différences et ses points communs avec les fonctions d'arbitre et de négociateur ? Comment procéder ? La médiation, potion magique ou remède miracle ?

Voilà quelques-unes des questions auxquelles nous devons répondre.

1. Qu'est-ce que la médiation ?

Nous ne souhaitons pas entrer dans un débat théorique, historique ou philosophique sur la médiation. Etymologiquement, *médiation* vient du latin *medius* : ce qui se tient au milieu. Le concept de milieu implique que nous sommes en présence de « deux réalités, une à chaque bout et que ce " tiers ", le milieu, les fait, d'une manière ou d'une autre, se rejoindre[1] ».

L'intervention du parent en tant que tiers vise donc à briser la dualité dans laquelle se trouvent enfermés deux ou plusieurs de ses enfants.

1. Jean-François Six, *Le Temps des médiateurs*, Ed. du Seuil, 1990.

La médiation du parent peut donc se définir comme un processus qu'il accomplit entre ses enfants avec leur accord et leur participation, destiné à résoudre ou à anticiper les conflits entre eux ou à faire naître des relations nouvelles. Sachant que la décision finale leur appartient et qu'ils sont chargés de sa mise en application [1].

Pour parvenir à cette fin, le parent médiateur aura recours à l'ensemble des techniques et processus de la négociation qui restent pertinents dans ce cadre.

2. Etre parent et médiateur, est-ce compatible ?

Certains spécialistes le contesteront à cause de deux caractéristiques habituelles de la médiation : le non-pouvoir et la neutralité.

1. J.-F. Six, *op. cit.*

a) Le non-pouvoir. Le recours à un médiateur doit être librement consenti. Qu'il s'agisse de la phase d'expression ou de celle relative à l'élaboration des recommandations, ce libre choix est un facteur primordial pour assurer la mise en application des accords et préserver la relation future entre les parties.

Il s'agit donc d'une adhésion obtenue par le consentement et non par l'usage d'une forme quelconque de pouvoir, pression, coercition...

Or le parent, par définition, occupe une place de pouvoir vis-à-vis de l'enfant. Nous l'avons vu, le parent punit et récompense, il a l'expérience de l'âge, il a plus de connaissances, il peut satisfaire les besoins de son enfant. Mais nous sommes en présence d'une interdépendance, car l'enfant a également du pouvoir sur le parent. Et le défi a été de démontrer la possibilité de parvenir à des accords sans recourir à son pouvoir, et la supériorité de ces résultats en termes de qualité et d'optimisation. Et qui peut le plus peut le moins. Si le parent a les moyens de renoncer à recourir à son pouvoir quand il est directement impliqué dans un conflit avec son enfant, sans être perdant pour autant, il le peut certainement quand il n'est pas partie prenante à la dispute. C'est là notre conviction.

Le parent a le pouvoir de faire usage de son autorité soit pour ordonner, soit pour arbitrer le conflit. Mais, en énonçant une règle formelle : « La solution ne sera retenue qu'avec l'adhésion et la satisfaction de tous », il indique clairement son renoncement à s'en servir.

Par contre, du fait de la relation d'autorité qui existe et du passé relationnel avec le parent, l'enfant peut chercher à camoufler la vérité par crainte de se faire mal voir ou par désir de se montrer sous un jour plus favorable. Il appartient donc au père ou à la mère d'intégrer ce facteur.

b) La neutralité. C'est un autre thème sacro-saint que la neutralité. Le médiateur est censé faire preuve d'une stricte neutralité vis-à-vis des belligérants. Or le parent n'est jamais tout à fait neutre vis-à-vis de ses enfants. Il est préoccupé, d'une manière générale, par leur avenir, leur réussite, leur santé mentale et psychique, leur bon développement, et il est soucieux de se sentir un bon parent qui maîtrise bien les situations et d'être perçu comme compétent. Il peut, en outre, manifester des préférences et avoir le contact plus facile avec l'un de ses enfants plutôt qu'avec l'autre.

Nier cette réalité contribue souvent à l'aggraver aux yeux de celui ou celle qui en souffre. A l'inverse, l'accepter, c'est admettre qu'en tant que parent, on n'est pas parfait, et éviter ainsi aux enfants l'exigence névrotique d'une perfection inaccessible et épuisante.

Faut-il en conclure que les deux fonctions de parent et de médiateur sont incompatibles ? Non.

Il est vrai que l'enchevêtrement émotionnel et les relations affectives entre parents et enfants peuvent affecter l'efficacité de la démarche. Vos sentiments personnels à l'égard du petit hyper-sensible vous poussent, par exemple, à hésiter à lui dire certaines choses pour éviter de lui faire de la peine.

Face à ces biais, il existe néanmoins des parades efficaces ; les mettre en place permet alors de tirer tous les avantages de l'intervention médiation.

Par ailleurs, le médiateur est rarement neutre tant sur le plan de ses motivations propres que de sa grille de lecture des événements qui lui sont relatés. Ses mobiles sont variables : le prestige, la considération, la démonstration de ses capacités, la volonté d'acquérir une notoriété sur cette terre, ou même le désir de s'attirer les bonnes grâces de Dieu dans l'au-delà [1].

1. Le roi Hussein de Jordanie est-il neutre quand il propose sa médiation entre l'Irak et le reste du monde après l'invasion du Koweït ou bien cherche-t-il aussi à protéger son trône ? En acceptant de contrôler les installations électroniques radars implantées dans le Sinaï pour assurer la

Pour conclure, s'il s'agit par neutralité de démontrer une impartialité absolue entre les parties, ça nous paraît évident. L'acceptation du médiateur en tant que tel est à ce prix. C'est une condition essentielle pour lui permettre de communiquer efficacement avec les uns et les autres. Cette impartialité va s'exprimer aussi bien par rapport à l'objet du différend que face à ses enjeux.

Il ne s'agit bien sûr pas de la neutralité de l'analyste dans le cadre analytique. Mais, à condition d'en avoir les moyens méthodologiques, tout parent peut et doit remplir une fonction de médiation, fût-elle imparfaite, entre ses enfants. Nous nous attacherons à y concourir.

3. Place de la médiation par rapport aux autres modes d'intervention

Pour illustrer la panoplie des modes d'intervention, nous nous référons au schéma[1] de classification ci-après :

Pouvoir	Guerre, grèves	Conflit ouvert, punition, fessée, gifle, renvoi dans la chambre.
Droit	Tribunal, arbitrage	Trancher en faveur de l'un ou de l'autre, jugement.
Intérêts	Médiation, négociation	Solution équitable, librement acceptée et mutuellement avantageuse.

sécurité d'Israël face à l'Egypte, le président Carter ne répond-il pas également à un intérêt stratégique à long terme pour les Etats-Unis ? Est-il possible encore de parler d'altruisme ?

1. W. Ury, M.J. Brett and B.S. Goldberg, *Getting Disputes Resolved*, Jossey-Bass Publishers, 1989.

Des individus, des groupes ou des pays en conflit – patrons et syndicats, managers et collaborateurs, vendeurs et acheteurs, groupes industriels et organismes de défense des consommateurs ou écologistes, gouvernement et agriculteurs, Etats, etc. – peuvent choisir d'aborder leurs différends selon trois grands modes : le pouvoir avec son moyen ultime, la guerre ; le droit avec l'arbitrage ou les tribunaux ; et enfin l'analyse des intérêts en jeu avec les processus supérieurs de la négociation et de la médiation.

Ces trois grands systèmes ont leur place et sont parfois nécessaires, mais leurs coûts sont différents. Il est facile d'imaginer que le pouvoir est un moyen plus coûteux sur le plan des relations à long terme que le droit, du fait des destructions qui accompagnent généralement sa mise en œuvre. Celui-ci peut néanmoins laisser des rancœurs chez l'une des parties, estimant arbitraires ou inéquitables les décisions prises. Alors qu'une recherche de solutions à partir des intérêts et avec la participation des différentes parties permet de parvenir à des accords mutuellement avantageux et, parfois, à créer une richesse supplémentaire inimaginable au début du conflit. Or qu'observons-nous ?

Il y a une surutilisation à tous les niveaux du *pouvoir* et du *droit* au détriment des *intérêts.* En effet, on découvre souvent que des occasions ne sont pas saisies et que toutes les voies disponibles de la discussion ne sont pas explorées. S'il en est ainsi dans les relations internationales, syndicales, commerciales, faut-il s'étonner que cela ait également cours au sein de la famille ? Notre propos n'est pas de savoir qui de l'œuf ou de la poule est premier, mais de faire en sorte d'inverser cette pyramide au profit des *intérêts.*

Si la négociation et la médiation sont utilisées chaque fois que c'est possible, même si la guerre n'est pas évitée, nous en aurons réduit l'espace à son strict minimum. Cela donne le schéma suivant :

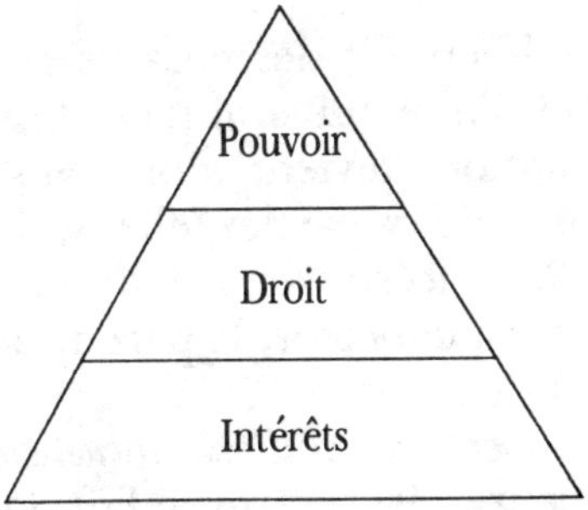

Il faut toujours laisser sa chance à la recherche d'un arrangement à l'amiable et donc à la négociation.

4. Différences et similitudes entre parent médiateur et parent négociateur d'un côté et parent arbitre de l'autre

a) Parent médiateur et parent négociateur.

• *Etre ou non partie prenante.* Le parent négociateur est directement impliqué dans le conflit qui l'oppose à l'un ou plusieurs de ses enfants. Par exemple, il effectue une tâche exigeant de la concentration et donc du silence alors que les enfants jouent bruyamment dans le même espace. Entre « Allez jouer dehors » ou ne rien dire et souffrir en silence, l'alternative de « J'ai besoin de calme, si vous voulez rester à côté, pouvez-vous trouver un autre jeu pour le moment ? » permet de concilier les intérêts des deux parties. Ici, nous nous situons dans une relation duelle.

A l'opposé, le parent médiateur n'est pas concerné à l'origine par le différend. Son intervention, spontanée ou à la demande des protagonistes, est destinée à faciliter l'invention d'une solution de conciliation qui paraît impossible aux belligérants, noyés dans leurs passions et enfermés dans leurs positions respectives. L'arrivée du parent introduit une tierce personne qui est une condition de la médiation.

Si, par contre, le conflit des enfants perturbe le parent d'une manière ou d'une autre, il naît chez lui un besoin à satisfaire. La situation devient alors plus complexe, car, d'une négociation à deux parties, elle devient une négociation à plusieurs. Par l'accroissement du nombre des parties et donc des besoins à concilier, le parent devient ici un facteur de complication.

• *Gagner ou trouver une solution mutuellement avantageuse.* La similitude majeure réside dans le fait que, médiateur ou négociateur, le parent poursuit la même quête : trouver un arrangement mutuellement avantageux et perçu ainsi par tous. Ni un perdant qui cède ni un gagnant qui triomphe, mais la satisfaction des besoins légitimes de chacun. Ce résultat est possible : c'est là sa conviction profonde. Son but premier : faire partager cette vision par les autres, et ce n'est pas toujours simple.

Ni les confondre ni les opposer, mais savoir reconnaître leur complémentarité, du moins sur le plan des processus mis en œuvre. *Négociation* et *médiation* se situent dans la même partie de la pyramide : analyse des *intérêts*.

b) Parent médiateur et parent arbitre. Passant de la sphère des *intérêts* à celle du *droit*, le parent opère un changement de catégorie, de registre, de nature de relation et surtout de processus. Les différences sont de taille :

• Le parent médiateur propose, le parent arbitre dispose : le premier suggère, le second juge et tranche. Il est seul juge de la décision et il devra ensuite contrôler sa mise en application.

• Le parent médiateur fait participer activement les protagonistes à la construction de la solution. Il aide à son émergence et à sa maturation. Le parent arbitre écoute les arguments que chacun développe en faveur de sa position, mais son verdict est formulé en son âme et conscience.

• Avec le parent médiateur, la décision appartient aux parties et c'est librement qu'ils la prennent. Il y a adhésion véritable. Avec le parent arbitre, il faut expliquer et persuader, vaincre des réticences, justifier et argumenter. Mais, malgré tous ces efforts et toutes ces dépenses d'énergie, le risque d'avoir quelqu'un d'insatisfait est grand. Dès lors, la relation future entre parent et enfant et de ces derniers entre eux peut être lourde de ressentiment.

La similitude essentielle provient de l'existence dans les deux situations d'une *tierce personne* à laquelle les enfants font appel pour aider à régler le problème. Dans les deux cas, celle-ci fera l'objet de toutes les séductions, toutes les implorations, toutes les pressions visant à l'amener à s'aligner sur la position de l'un ou de l'autre. Et si, au fond de lui-même, l'un des enfants finit par croire qu'il a atteint son but avec le parent arbitre, le parent médiateur, lui, va éviter cet écueil en se conduisant de manière à ne laisser aucun doute dans l'esprit des enfants sur le fait que le problème et sa solution restent de leur responsabilité propre.

D. S'interposer sans s'embourber

Imaginez le conflit entre vos enfants comme une pièce de théâtre improvisée dont ils seraient à la fois les auteurs et les acteurs. Ils sont sur scène, chaque comédien joue exactement le rôle qui convient pour permettre au jeu de se poursuivre. A coup de provocations gentilles, de petites phrases innocentes mais assassines, de mots anodins dont on sait pertinemment qu'ils font mal, tirades et répliques s'enchaînent ainsi parfaitement pour mettre en place un conflit entre eux.

De votre côté, imaginez-vous non pas comme un acteur de plus, mais plutôt comme le metteur en scène qui observe de son fauteuil au fond de la salle. Entre lui et les planches, il y a la rampe qui marque une séparation entre les comédiens et les spectateurs. Quand il intervient, c'est pour faire une suggestion ou donner une indication aux acteurs et non pour ajouter un rôle à la pièce. Il apparaît non pour accaparer la scène, mais pour suggérer un changement dans le jeu et vite disparaître derrière les rideaux. Il n'intervient pas pour occuper la place, mais pour mieux la faire occuper par les acteurs eux-mêmes. Cette métaphore, à maints égards, reflète l'essence de l'approche du parent médiateur :

– Interrompre momentanément le jeu : séparer les belligérants.

– Eviter d'avoir un rôle dans la pièce : ne pas réagir.

– Favoriser la prise de recul par rapport au jeu : faire baisser la tension.

– Définir de nouvelles règles de jeu : changer la manière de jouer.

– Quitter la scène : garder sa place et responsabiliser les enfants.

Dans les approches classiques (« Je peux crier plus fort », « C'est à l'arbitre de siffler les fautes », « C'est leur problème, pas le mien », « Vous allez finir par me tuer », « Je vous en supplie, arrêtez »), soit vous démissionnez de votre rôle, soit vous devenez partie prenante. Cela donne à vos enfants toutes les raisons de vous en vouloir et de se déresponsabiliser, et cela n'apporte aucune garantie quant à l'application de l'accord.

En agissant en médiateur, vous allez les *surprendre* complètement puisque, cette fois, *vous êtes présent sans pour autant être partie prenante*. Vous faites les deux choses en même temps.

QUE FAUT-IL EN ATTENDRE ?

Je laisse à ce parent le soin de raconter ce que cette approche a changé dans sa vie : « J'ai attendu impatiemment le week-end, car, par expérience, j'étais sûr que j'aurais l'occasion de tester une médiation entre mes deux enfants de sept et neuf ans. Il leur arrive de passer des moments ensemble sans se disputer, mais une journée entière c'est rare. Or, ce jour-là, ils se faisaient vraiment attendre. Une nervosité commençait à me gagner face à cette conspiration du calme et du silence. Je venais de me surprendre en flagrant délit : désirer qu'une dispute éclate. J'en éprouvai une certaine gêne.

« J'avais eu tort de m'en faire. Il faut toujours garder confiance en ses enfants. Ils n'allaient quand même pas me priver des moyens de me perfectionner :

– C'est à moi.
– Non, c'est moi qui l'ai eu en premier.
– Arrête, tu me fais mal, mais arrête.
– Papa, dis-lui d'arrêter, il m'embête.
– Non, c'est toi qui m'embêtes.

« Coups. Hurlements. Il était grand temps d'intervenir avant que mes enfants n'enrichissent d'une nouvelle scène *Règlement de comptes à OK Coral.*

« En me rapprochant du terrain de combat, j'évitai d'arborer mon masque habituel de désapprobation en pareil cas et de montrer des signes de nervosité ou d'agacement. Je les regardai avec des yeux différents et gardai une distance par rapport au spectacle qu'ils m'offraient. Il n'était pas question de transférer leur problème sur moi, et rien qu'en me le répétant mentalement, je me rassurai moi-même et protégeai ainsi mon calme intérieur.

« Cinq minutes plus tard, j'avais réussi à les aider à clarifier le problème qu'ils affrontaient. Je les quittai léger et réjoui, leur promettant de revenir pour me faire expliquer l'accord trouvé et leur manière d'y parvenir. Je disparus vite de leur chambre pour ne pas être rattrapé par eux ni céder à mon désir d'en faire un peu plus. Sans tarder, je replongeai dans ma lecture que j'avais interrompue quelques minutes auparavant. Je n'eus aucune difficulté pour en reprendre le fil.

« Ce n'est qu'en refermant mon livre une heure plus tard que je me rappelai la promesse que je leur avais faite. Je me dirigeai vers leur chambre où tranquillement ils s'affairaient. Je les ai regardés en silence, ne voulant pas les déranger dans leur activité. C'était ma manière de leur montrer, par l'exemple, le respect de l'autre. Pour une fois, je désirais vivement être sollicité, alors qu'habituellement j'aspire à la tranquillité et au calme. Allais-je devenir enfin plus accessible à mes enfants en l'étant différemment ? »

Amener ses enfants à prendre en charge l'essentiel des conflits qu'ils affrontent a le mérite évident de les responsabiliser. La tendance infantile de rejeter systématiquement la faute sur les autres est ainsi canalisée.

STRATÉGIE D'APPROCHE

Pour bien comprendre la stratégie mise en œuvre par le parent médiateur, nous allons laisser la parole à cet autre père :

TÉMOIGNAGE

« JE VEUX LES PLAYMOBIL / JE VEUX ÊTRE TRANQUILLE »

« Rentrant à mon domicile le deuxième jour de ma participation au séminaire de négociation, je me retrouve en plein champ de bataille. Mes deux filles, Sarah, douze ans, et Lola, six ans, en pleurs, sont en train de se battre. Les objets volent dans tous les sens...

« Premier objectif, vite séparer les combattantes avant d'avoir à réviser d'urgence mes cours oubliés de secourisme ou d'appeler Police-Secours.

« Mais après, quelle voie choisir pour régler le conflit ?

Processus évités

Première solution

« Deux claques à chacune et chacune dans sa chambre. Je préserve mes intérêts à court terme, tranquillité immédiate... mais je me prépare sûrement à long terme quelques problèmes de communication et des réactions de mimétisme : le père, modèle par excellence, frappe, donc...

La force.

Deuxième solution

« A l'autre extrême des possibilités qui s'offrent à moi, il y a le refuge dans la fuite du champ de bataille. Je me précipite dans le salon avec un verre de whisky, je choisis mon disque compact préféré, je coiffe mes écouteurs hi-fi stéréo et je goûte ma tran-

La démission.

quillité. Elle ne durera peut-être pas longtemps, car il va me falloir défendre ma zone de sécurité si la " guerre " se rapproche de mon havre de paix...

Troisième solution

« Le chantage matériel : " Dis donc, Lola ! Tu sais que dans quinze jours c'est ton anniversaire ! Tu sais le cadeau que je t'ai promis, tu peux toujours l'attendre ! " Finalement, voilà le jour J, vous craquez, elle a son cadeau. Et votre crédibilité en souffre...

La menace voilée : " Voilà les pertes que je t'infligerai. "

Quatrième solution

« Le chantage affectif : " Dites donc les enfants ! Savez-vous que votre pau... au...au...vre petit papa rentre du travail cre-vé ! Vous ne voulez pas être gentils avec votre pauvre papa ? Si vous n'arrêtez pas de vous bagarrer, je vais être obligé d'aller prendre un cachet d'aspirine ! " Culpabilisation qui fonctionne ou pas, mais sûrement difficultés d'application... Chantage affectif en retour automatique... Efficacité douteuse...

Le chantage affectif.

Cinquième solution

Trancher à leur place ; or c'est une erreur à ne pas commettre que de prendre parti ou de donner cette impression. Le perdant pardonne rarement...

L'arbitrage.

« Je passe donc à la sixième solution : la NEGOCIATION (raisonnée, naturellement) pour des raisons d'efficacité et de pérennité des résultats.

Processus utilisés

« D'abord retour à la case départ : séparer les combattantes ! Je coiffe mon casque bleu et je m'adresse à l'une des parties en cause :

Sortir de la guerre de position.

– Pourquoi te bagarres-tu ?

Rechercher les intérêts derrière les positions.

– Parce qu'elle est méchante avec moi !

– Comment cela ?

– Elle me frappe !

– Pourquoi ?

Rechercher les intérêts derrière les intérêts ?

– Elle veut pas me laisser rentrer dans sa chambre !

« Je m'adresse alors à la plus grande :

– Et toi, pourquoi te colleter avec ta sœur ?

– Parce que je veux que l'on me fiche la paix !

– Sais-tu pourquoi elle veut rentrer dans ta chambre ?

– Non, et ça m'est égal !

– Et toi, pourquoi veux-tu rentrer dans la chambre de ta sœur aînée ?

– Parce qu'elle a des Playmobil plus beaux que les miens !

– Et toi, Sarah, qu'en penses-tu ? Il paraît que tu as des Playmobil plus beaux que les siens ?

Rechercher les faits objectifs sans prendre parti.

– Evidemment, elle ne les range pas, alors elle marche dessus et elle les casse...

« Je m'adressai ensuite à chacune d'elles :

– Bon, Lola, es-tu d'accord pour patienter jusqu'à samedi afin qu'on puisse faire un inventaire complet de tes Playmobil ainsi que de ceux de ta sœur ?

Proposer de reporter la décision pour calmer les esprits et désamorcer la tension.

– Sarah, es-tu d'accord pour patienter

jusqu'à samedi pour que l'on puisse regarder l'ensemble des Playmobil de cette maison, pour que ta sœur puisse se rendre compte de l'état exact des collections respectives ?

« Accord des deux parties pour une suspension de séance, pardon, un armistice provisoire... l'affaire n'est pas encore réglée, loin de là...

« Le samedi suivant, on compte les Playmobil, enjeu apparent, et on s'aperçoit tous les trois qu'il y a peu de différence en qualité et quantité entre ceux de la grande et ceux de la petite... Et là, surprise.

Tenir parole. Recourir au critère objectif

« La plus grande déclare alors :

– Je lui donne mes Playmobil ! Je n'y joue plus vraiment, mais je ne veux plus qu'elle mette les pieds dans ma chambre !

L'ambiance sereine donne la possibilité d'exprimer l'intérêt caché.

« Lola est d'accord, je suis soulagé.

Les deux sœurs se séparent contentes, l'une avec ses Playmobil, l'autre avec sa tranquillité retrouvée, et surtout son indépendance affirmée... »

Découverte d'une nouvelle option satisfaisante pour tous car les intérêts sont différents mais pas opposés.

L'enjeu réel, l'indépendance de la grande contestée par la petite, n'a pu apparaître qu'après une médiation objectivée par un questionnement insistant, destiné à aller chercher les intérêts derrière les positions. Les parents y ont gagné, en plus de leur tranquillité, la mise en place d'une structure de dialogue avec leurs enfants.

LA STRATÉGIE DU PARENT MÉDIATEUR SE DÉCLINE EN SEPT ÉTAPES :

Première étape : séparer les belligérants

Les « Scud » et autres missiles en tout genre fusent de partout et les « Patriot » interceptent ce qu'ils peuvent avant d'expérimenter les « Tomahawk » en retour. Toutes les armes sont bonnes, qu'elles soient à base de coups de poing, coups de pied et autres variantes. Ils se bombardent avec force hurlements, cris et insultes. Voilà la scène, à peine exagérée.

Dans l'étymologie de *médiateur*, il y a « se mettre *entre* ». Vous allez donc porter le casque bleu de l'ONU et vous interposer entre les armées ennemies. Votre intervention sera plus ou moins musclée en fonction du degré d'engagement des différentes troupes. Parfois, il sera même nécessaire, dans un premier temps, de les consigner chacune dans une chambre. Dans tous les cas, votre détermination de prendre en main la définition de nouvelles règles de jeu ne doit faire aucun doute dans leur esprit. Mais ne confondez pas fermeté et perte de contrôle de soi.

Pour y parvenir, il convient donc de recourir à des techniques de communication non verbale :

• *Rester calme.* Si vous criez comme eux ou plus fort qu'eux, vos enfants comprennent vite que vous ne vous sentez pas en mesure de les amener à régler leur différend. Ne hurlez pas votre ordre de les séparer. Parlez d'une voix ferme et d'un ton calme. Que vos enfants soient grands ou petits, ils comprendront que vous êtes en mesure de contrôler la situation.

• *Associer les gestes aux mots et pas aux maux.* Montrez-leur clairement que votre intention d'arrêter la bagarre n'est pas négociable. Mais ne confondez pas affirmation par le geste et intimidation. Il ne s'agit pas de leur dire avec un geste menaçant du doigt ou une main qui s'agite qu'ils ont intérêt à obtempérer.

• *Utiliser le toucher.* Les toucher, sans violence, va décupler l'impact de vos mots par « l'ancrage ». Les séparer tout en gardant un contact physique avec eux est un indicateur puissant, et de votre fermeté, et de votre désir sincère de les aider. Ils sont séparés, mais leur communication n'est pas rompue. Elle transite par vous. L'image est celle d'un pont entre les deux berges d'un fleuve. C'est une étape clé qui va faciliter, dans un deuxième temps, la mise en place d'une structure de dialogue et de bonne ambiance pour y parvenir.

Deuxième étape : créer le climat et l'ambiance favorables à la résolution du différend

Vous l'avez certainement remarqué, une émotion trop forte – colère, irritation, rage... – vous envahit tout entier et vous aveugle. Ce phénomène est encore plus accentué chez vos enfants, qui sont mus par un désir d'immédiateté – vouloir tout, tout de suite. Toute tentative de votre part pour leur faire entendre raison est, dans ces conditions, vouée à l'échec. Un minimum de sérénité est indispensable pour amorcer le dialogue.

Comment procéder alors pour que les enfants déposent les armes et désamorcer ainsi le conflit ?

QUE FAUT-IL ÉVITER ?

S'il suffisait d'un magistral « Calmez-vous ! » pour que la magie opère et que la raison soit ainsi retrouvée, vous le sauriez, depuis le temps que vous vous échinez à répéter ce type d'injonction. Qui sait, à force de recommencer, cela finira bien un jour par fonctionner ?

Malheureusement, le mettre face à son agitation pousse

généralement l'enfant à s'en défendre et ne fait ainsi que l'accentuer au lieu de la réduire. Et comme vraisemblablement votre ton masque difficilement l'énervement qui pointe en vous, ce procédé a vite fait d'exhiber ses limites et sa triste inefficacité.

Il va de soi que toutes les formulations s'en rapprochant sont également à bannir : « Arrêtez, ça suffit », « Mais taisez-vous, bon sang », etc. A l'extrême, le recours aux claques... pour les calmer, démontre d'une manière tangible la perte du contrôle de soi du parent et parachève le plongeon général dans la déraison collective.

Si ordonner aux enfants de se calmer est inopérant, il en va de même des autres approches classiques que le parent écarte dans notre exemple.

• *La démission de son rôle* ne donne non seulement aucune garantie d'être tranquille - les enfants reviennent à la charge, la directrice de l'école vous rappelle à l'ordre, la police vous met face à vos responsabilités si votre enfant enfreint la loi, etc. -, mais entraîne au moins trois conséquences graves :

– La première est que si l'un des enfants ne se sent pas protégé par l'adulte que vous êtes, il vous reprochera toujours de manquer à votre devoir : assurer sa sécurité.

– La deuxième : si vous n'êtes pas en mesure de leur montrer votre capacité à identifier, nommer et affirmer votre intérêt - être tranquille -, comment le pourront-ils eux-mêmes ? Or, nous l'avons largement démontré dans la partie concernant le parent négociateur, *énoncer ses intérêts*, qui est une manière de jouer cartes sur table, est un processus clé pour résoudre les différends.

– La troisième, que nous rappelons, est l'anxiété découlant de l'absence de limites. Ces dernières ont pour fonction de sécuriser l'enfant par rapport à ses débordements internes. Les limites imposées par la loi du père lui servent de repères. Ça contient, ça borde et ça rassure.

• *La menace sous toutes ses formes* - directe ou voilée, chantage affectif ou ultimatum – est le processus coercitif par excellence. Il cherche à forcer la décision de l'enfant dans le sens souhaité. Il lui signifie clairement *votre volonté* de le priver de ce qu'il désire s'il n'obtempère pas. Aussi efficace que puisse se révéler ce procédé dans certains cas, il comportera, du fait de la continuité de la relation parent-enfant dans le temps, des inconvénients :

– La menace n'est pas appliquée, et le parent qui l'a proférée n'est plus crédible à l'avenir.

– L'enfant plie et se soumet par crainte de voir le déluge s'abattre sur lui. Il en garde alors un ressentiment tenace. Les représailles immédiates ou différées peuvent être cinglantes (rappelez-vous l'anecdote du pipi aux quatre coins du salon).

– Face au refus d'obtempérer, les sanctions annoncées sont exécutées (privation effective du jouet, de l'émission de télévision, claques...) et le récalcitrant se trouve ainsi puni dans les faits. Les sentiments d'humiliation, de faiblesse face à plus puissant que lui vont laisser des traces. Il n'aura de cesse, en guise de revanche, d'exploiter vos zones sensibles : si vous êtes préoccupé par la nourriture, sa panoplie de réponses est large ; s'il s'agit de ses études, imaginez ce qui vous attend ; si c'est la propreté de sa chambre ou le rangement en général, gare à la pagaille ; si c'est votre image et votre statut social, attendez-vous au pire.

• *Quant à l'arbitrage,* quoique utile dans certains cas, et à condition de prendre certaines précautions (s'assurer de l'adhésion des enfants à cette approche, parler de la difficulté de trancher et de la part d'arbitraire qui subsiste, expliquer les raisons de son choix...), cette méthode présente des limites certaines. Elles ont été décrites dans la partie relative aux stratégies inefficaces. Si votre arbitrage laisse un perdant, les sentiments sont simplement déplacés du frère ou de la sœur vers le parent.

QUE FAIRE ?

Durant la journée, le client dont dépend 50 % de votre chiffre d'affaires a menacé de vous claquer entre les doigts ; votre patron vous a refusé l'augmentation escomptée ; votre collègue est encore une fois hors délai pour sa part du projet attendu par votre direction générale ; ces vicissitudes de la vie quotidienne et les pressions qu'elles ont exercées sur vous ont évidemment soumis vos nerfs à rude épreuve, et vous êtes à bout. Quoi de plus légitime, dans ce cas, que d'aspirer au calme lors de votre retour au foyer ? Vous vous imaginez déjà, le verre de whisky dans une main, le journal dans l'autre, affalé dans un fauteuil, les jambes allongées sur une chaise, écoutant votre musique favorite.

Or, quel spectacle vous attend en réalité ? Votre Eden est transformé en un nouveau Verdun et votre havre de paix en remake de Pearl Harbor. Et cela sonne le glas de vos espoirs de tranquillité.

Comment, dès lors, être disponible pour pouvoir les écouter ? Avoir la patience nécessaire pour les comprendre ? Rester calme pour aider à faire baisser la tension ? A moins d'être... Dieu, mais dans ce cas vous n'avez plus besoin de lire ce livre, refermez-le.

Alors, comment procéder pour éviter de réagir soi-même, d'un côté, et aider ses enfants à déposer les armes, de l'autre ?

Voici quelques techniques simples à mettre en pratique :

S'acheter du temps. Il faut savoir perdre du temps pour en gagner. Dans toutes les instances de négociations sociales, internationales, commerciales, les bienfaits d'une suspension de séance quand l'orage gronde ne sont plus à démontrer. Les esprits échauffés peuvent alors se calmer, chaque partie peut réévaluer sa situation, retrouver son souffle et laisser retomber la tension interne devenue trop forte.

Deux conditions, au moins, sont à remplir pour en assurer la réussite :

– *Vendre le report de la décision.* Seule une raison valable du point de vue de vos enfants en permettra l'acceptation. A titre d'exemple : « Cette affaire est très importante et je voudrais pouvoir y accorder tout le temps qu'elle mérite. Ce soir, je suis fatigué et je risque d'être injuste à l'égard de l'un d'entre vous. Et je ne le souhaite pas. Samedi, j'y consacrerai avec vous tout le temps qu'il faudra pour trouver la solution qui vous satisfasse. Etes-vous d'accord ? »

– *Tenir parole.* Pas de fausses promesses. Si l'approche est perçue comme une manœuvre visant à enterrer leur problème, ils ne se laisseront pas avoir deux fois. Votre crédibilité va en souffrir et vous aurez du mal à la reconstruire.

Se tenir hors des planches. Rappelez-vous la métaphore du metteur en scène. Il faut vous garder d'avoir un rôle dans la pièce qui se joue sous vos yeux. Répétez-vous en permanence : « Je suis en dehors », ça vous aidera à garder la distance. Imaginez qu'un fleuve vous sépare de vos enfants, eux étant sur une berge et vous sur l'autre. Vous pouvez les voir, les entendre, les observer, communiquer avec eux, mais la barrière d'eau demeure infranchissable. Ils barbotent dans la piscine, mais vous, vous demeurez sur le bord.

Les observer en silence. Parfois, il est bon de les observer de loin, de garder la distance et surtout de ne rien dire. Suivre l'événement attentivement mais rester silencieux peut les surprendre et les pousser soit à arrêter, soit à solliciter votre intervention.

Décrire ce que l'on voit. Les réactions naturelles vous poussent à intervenir sur le fond en mettant fin d'autorité au conflit ou à démissionner.

Une autre approche consiste à décrire le spectacle qui s'offre à vous. Vous êtes le commentateur radiophonique et vos auditeurs comptent sur vos observations pour vivre le match comme s'ils y étaient : « Je vois deux garçons qui crient en gesticulant. Ils paraissent très en colère l'un et l'autre. L'un s'approche de l'autre et, d'un geste menaçant, fait mine de vouloir le taper. L'autre fuit à toutes jambes. Ils se courent après, autour de la table de la salle à manger. Le premier hurle pour essayer de l'arrêter. Le deuxième semble déterminé à se défendre et s'apprête à lancer un coussin qu'il vient d'attraper... »

Tant qu'il n'y a pas de danger pour la sécurité des personnes et des biens, décrire la scène vous évitera la tentation d'intervenir d'une manière ou d'une autre.

Pour clore cette partie, rappelez-vous toujours qu'en négociation, on récolte ce que l'on a semé. La bonne ambiance est rarement le fruit du hasard. C'est le résultat de vos mots, de vos gestes et de vos actes.

Maintenant, une fois retrouvées les conditions favorables au dialogue, le rôle du parent médiateur est d'expliquer rapidement la nature de l'approche qu'il compte utiliser.

Troisième étape : valoriser votre démarche et le type de résultat recherché

Dès l'instant où la dispute vire du simple désaccord au conflit ouvert, des changements vont s'opérer dans l'esprit des enfants quant à leur relation, leur perception du problème et son mode de résolution.

Quant à leur relation : de partenaires de jeu qu'ils étaient, les voilà mués en adversaires, pire, en ennemis farouches n'ayant que des intérêts opposés.

Quant à leur perception du problème : l'issue doit fatalement laisser quelqu'un sur le carreau. Car le combat a pris le relais de la discussion, chacun d'eux étant convaincu de détenir LA VERITE, toute la vérité, d'avoir raison et l'autre tort, d'apporter la « bonne » vision de la réalité avec la mention « tout faux » pour l'autre. Le parent va, dès lors, être sommé de choisir un camp, avec, à la clé, la menace du jugement implacable : « Tu lui donnes toujours raison et pas à moi, donc tu ne m'aimes pas. »

Quant au mode de résolution : la seule manière de bien faire valoir son point de vue, c'est d'occuper tout le terrain, d'empêcher l'autre de s'exprimer, de donner de la voix et de crier plus fort encore. Car, sait-on jamais, un soupçon d'argument pourrait se frayer un chemin au travers de cette cacophonie bruyante vers une oreille trop bienveillante qui pourrait l'entendre.

Le parent médiateur est, de son côté, porteur d'autres idées, d'autres visions, d'autres projets. Il va dès lors chercher, avant toute chose et tout au long de son intervention, à véhiculer ces messages et s'attacher à en être le farouche défenseur. Les convictions qu'il voudra faire partager sont de nature simple, mais la tension et l'engrenage qui piègent et enferment les protagonistes les rendent de prime abord difficilement tolérables. Comment pourrait-il en être autrement ? Elles vont à l'encontre des idées préconçues et des a priori simplificateurs ; elles sèment le doute en battant en brèche des certitudes rassurantes ; elles obligent, avec déchirement, à remettre en question des perceptions sélectives du réel, taillées « sur-mesure » par les prismes déformants de chacun. Elles forcent à mettre un arrêt et à prendre une distance, à réfléchir et donc à faire un effort non voulu là où la charge émotionnelle aveuglante légitimait de tirer sans sommation.

Quels sont les messages que cherche à véhiculer le parent médiateur et dans quels buts ?

La première conviction, c'est que toute solution ne passe

pas forcément par l'élimination, l'écrasement, autrement dit la mort, de l'autre. Il existe toujours des voies de passage pour concilier ce qui paraît de prime abord inconciliable. Il n'y a pas de problèmes, mais seulement des opportunités qu'on a parfois des difficultés à cerner et à saisir.

La deuxième idée, c'est que les frères et sœurs ne sont pas des adversaires et que leurs intérêts, leurs besoins, leurs préoccupations ne sont pas forcément opposés. Bien au contraire, ils partagent des intérêts communs qui leur échappent et il va falloir s'atteler à les rechercher. Un de ces intérêts partagés est d'avoir un partenaire de jeu.

La troisième, c'est que, si solution il y a, celle-ci devra être juste, équitable et satisfaisante pour tout le monde. Se trouvant dans une relation de longue haleine, tout ressentiment, aussi petit soit-il, est handicapant pour l'avenir.

La quatrième, c'est qu'il n'y a pas une seule vérité. Chacun des protagonistes a sa perception, son angle de vue donnant certes une certaine vision de la vérité, mais qui n'est que partielle. Rappelez-vous le professeur du *Cercle des poètes disparus* invitant ses élèves à se mettre debout sur la table pour voir le monde sous une perspective différente.

Tout l'effort du parent médiateur va être de tenter de les extraire d'un schéma fondé sur le rapport de force censé définir celui qui a raison et celui qui a tort, et cela afin de les orienter vers celui de l'acceptation de la différence et de la recherche de solutions. Il s'agit de leur faire comprendre qu'être en désaccord n'oblige pas forcément à être désagréable. De même que satisfaire ses intérêts propres n'exige pas fatalement de fonder sa stratégie sur une approche antagoniste, loin s'en faut. Bien au contraire, une approche fondée sur la recherche de gains mutuels est autrement plus avantageuse et largement moins coûteuse.

Pour diffuser cet état d'esprit, il est nécessaire de faire comprendre aux enfants la démarche que vous souhaitez utiliser. Pour cela, vous pouvez recourir à certaines expressions : « Je suis convaincu qu'il est possible de trouver une solution où tout le monde sera gagnant », « Je ne serai sincèrement content que si vous êtes tous totalement satisfaits », « Une troisième voie existe, j'en suis sûr, même si elle ne nous apparaît pas à première vue. J'aimerais qu'on prenne un peu de temps pour la trouver ensemble », « Même si je suis en mesure de trancher cette dispute, je ne ferai rien pour imposer une solution en faveur de l'un ou l'autre d'entre vous ».

Une fois supprimés les malentendus possibles sur ses intentions, le parent médiateur va s'atteler à faciliter la découverte des véritables enjeux au-delà des positions apparentes.

Quatrième étape : recadrer sur les enjeux de fond

Ayant le recul suffisant par rapport à l'objet du différend, vous n'avez pas les mêmes raisons que vos enfants d'être sourd et aveugle. Guidé par les acquis du parent négociateur, vous donnez sa chance à l'hypothèse que les intérêts cachés derrière les positions ne sont pas obligatoirement antagonistes. La demande formulée par les enfants n'exprime pas forcément leurs besoins réels. Du moins, ce n'est qu'un moyen parmi d'autres, le plus évident ou le plus immédiat, de satisfaire une motivation sous-jacente. En déplaçant la discussion sur ces intérêts non avoués et en faisant apparaître leur satisfaction comme le problème à résoudre ensemble, le parent médiateur va sortir les enfants de l'affrontement pour les amener à la concertation. Dans ce cas, la solution devient possible, ce n'est plus qu'une affaire d'imagination, et les enfants n'en manquent pas.

Dans cette étape, votre rôle est multiple : faire ressentir à chacun qu'il a le droit à la parole ; faciliter l'accès à la compréhension des perceptions réciproques ; faire découvrir les intérêts (préoccupations, craintes, besoins) de fond camouflés volontairement ou involontairement ; opérer un recadrage du problème sur ces véritables enjeux ; transformer l'affrontement en problème à résoudre ensemble.

Nous l'avons dit, trois techniques vont constituer la boîte à outils du parent médiateur : le questionnement, l'écoute active, l'énoncé de vos hypothèses sur leurs intérêts.

Les questions d'exploration peuvent se formuler ainsi : « Pourquoi veux-tu entrer dans sa chambre ? » « Pourquoi ne veux-tu pas la laisser entrer dans ta chambre ? »

A l'inverse, « Est-ce que tu peux me dire pourquoi tu ne veux pas lui donner les Playmobil ? » aurait été une question fermée laissant peu de liberté de réponse à votre enfant.

L'art d'écouter d'une manière empathique s'applique tout à fait à la situation du parent médiateur. La seule difficulté réside dans le fait qu'il convient d'organiser l'expression et le temps de parole de chacun. Il ne faut pas hésiter, dans certains cas, à les écouter séparément.

La reformulation des sentiments de chacun va constituer une aide précieuse pour les apaiser et faire baisser la tension : « Sa collection de Playmobil te paraît plus complète et tu trouves cela injuste. »

Grâce à ces différents outils, le parent médiateur a des chances de découvrir les intérêts qui se cachent derrière les positions. Dans le cas des Playmobil, la surprise réside dans le fait que chacune des deux filles cherchait quelque chose de différent : l'une les Playmobil, l'autre préserver son intimité.

C'est une découverte de premier plan que nous avons largement développée dans la partie relative au parent négociateur : les positions sont toujours antagonistes, les intérêts le sont très rarement.

A partir de ce recadrage sur les enjeux de fond, le

parent médiateur va mettre ses enfants sur la voie de la créativité pour inventer une solution qui satisfasse toutes les parties.

Cinquième étape : proposer des méthodes pour inventer des options nouvelles

Premier obstacle à lever : le manque d'idées. C'est Osborn, un publicitaire, qui, en 1934, a fait une observation qui allait être à l'origine de la méthode de créativité la plus simple et la plus utilisée de par le monde.

Durant les réunions de travail de son équipe, dès qu'un membre proposait une idée de slogan publicitaire pour l'un de leurs clients, il y avait immédiatement quelqu'un d'autre pour la critiquer et la démolir. Ce qui n'encourageait pas les autres à prendre le risque d'avancer leurs idées devant les collègues. Les réunions se terminaient souvent sans suggestions opérationnelles.

Soudain, la lumière jaillit : et si l'on séparait l'étape de l'invention de celle de la critique, nous aurions alors davantage d'idées parmi lesquelles choisir.

La méthode du « remue-méninges » venait de naître. Elle comporte cinq règles faciles à observer :

1. On recherche la quantité maximum d'idées et non leur qualité.
2. Toute critique des autres est interdite.
3. Toute autocensure est interdite.
4. Toutes les idées sont admises, même les plus farfelues.
5. Il est recommandé de s'inspirer et d'associer sur les idées des autres.

Ces règles sont destinées à contrer la tendance naturelle à la critique systématique. Il suffit de les afficher avant la réunion de créativité pour être assuré de leur compréhension et leur respect par tous.

Dès qu'un nombre suffisant de propositions ont été

couchées sur le papier, il est alors facile de passer à l'étape d'évaluation critique et du choix définitif.

Deuxième obstacle : la tendance à suivre les sentiers battus. Pour les inciter à élargir le gâteau, le parent peut proposer à ses enfants l'exercice suivant : « Je vais vous représenter neuf points et vous allez les relier entre eux par quatre droites sans lever le stylo. Allez-y. »

Un peu plus tard, si la solution n'est pas trouvée, elle peut être dévoilée :

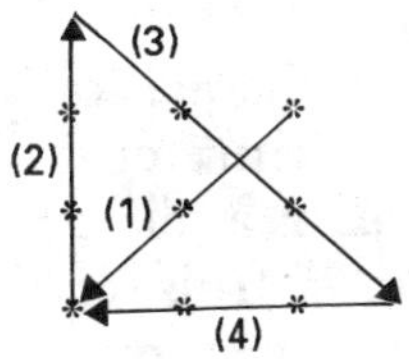

Faites-leur remarquer que, tant qu'on ne voulait pas déborder du cadre, il n'y avait pas de solution possible. Pour trouver, il fallait en sortir par deux fois.

Troisième obstacle : la crainte de se faire doubler. Chacun veut être le dernier à parler, car les enfants craignent que l'on donne raison au dernier qui s'exprime. Il subsiste chez eux un doute sur l'équité du parent médiateur qu'il convient de lever au plus tôt en les rassurant : « Aucune solution ne sera appliquée à moins qu'elle ne soit acceptée par tout le monde. Donc, n'hésitez pas à vous exprimer dans l'ordre que vous voulez. Je n'accepterai la mise en pratique d'aucune solution qui n'aura pas l'assentiment des uns et des autres. »

Quatrième obstacle : la pensée négative. Très souvent, l'expression va se faire sous une forme négative : « Je ne dormirai plus avant de me laver les dents » ou bien « Je ne ferai plus pipi sur la moquette ». Cela pousse rarement à l'action dans le bon sens. Il est préférable de les encourager à penser positivement : « Je vais me laver les dents avant de dormir » et « Je vais faire pipi dans le pot ».

Pour illustrer cette étape, nous allons nous appuyer sur le témoignage d'un autre parent :

TÉMOIGNAGE

« LA PIN'SMANIA. PIN'S, VOUS AVEZ DIT PIN'S ? »

« Mes trois garçons de huit, sept et cinq ans se sont mis, comme beaucoup, à collectionner des " pin's ". J'ai la chance dans mon métier d'en recevoir régulièrement, mais rarement trois en même temps.

« Malheureusement, chaque fois que j'en apporte un et que je le donne à l'un d'entre eux, c'est la dispute assurée. J'ai tenté le sort en jouant à pile ou face, mais les perdants étaient mécontents, et, à trois, ce n'est pas une approche pratique. Il ne servait à rien que je leur en promette un pour plus tard, car demain est une notion abstraite pour les enfants.

« J'en étais arrivé à renoncer à les leur remettre tant que je n'en avais pas trois. Et comme ce n'étaient jamais les mêmes, ils trouvaient à redire là aussi. Au moins l'un des trois voulait le pin's qu'avait eu son frère, sans que ce dernier consente à l'échanger. Et, à nouveau, c'était la bagarre.

Processus utilisés

« J'ai décidé de les réunir tous les trois. Je leur ai expliqué le plaisir que j'éprouvais à les aider à constituer leurs collections de pin's parce que je les aimais, mais qu'à force de se disputer, ils allaient finir par me convaincre, à contrecœur, de ne plus les leur apporter. Je trouvais cela dommage,

Provoquer une réunion de médiation.

Créer une ambiance en donnant ses propres intérêts de parent.

Définir l'objectif poursuivi.

car il devait bien y avoir un moyen d'éviter d'en arriver là et j'avais besoin de leur coopération pour le trouver.

« J'ai alors formulé le problème que nous avions à résoudre ensemble sous forme d'une question :

" Comment procéder à la distribution sans que personne ne se sente lésé ? "

Se centrer sur le problème à résoudre et non sur les personnes

« J'ai expliqué ensuite que nous aurions plus de chances de trouver la bonne formule si nous disposions au départ d'une plus grande quantité d'idées.

Rechercher des solutions en séparant la création des idées et leur évaluation critique.

« J'ai proposé de faire la liste des idées possibles sans les évaluer pour ne procéder au choix que dans un deuxième temps...

« Parmi les solutions, on pouvait :

1. Ne donner les pin's que s'il y en avait trois identiques.
2. Cesser de leur en apporter.
3. Les distribuer dès réception pour qu'ils en disposent tout de suite mais dans un ordre défini à l'avance.
4. Les regrouper et faire faire le choix à tour de rôle une fois par mois.
5. Constituer une collection commune, etc.

Noter les idées pour montrer qu'elles sont prises en compte.

Donner soi-même une ou deux idées.

« La première et la deuxième solution ont été écartées sans hésitation. Tout en réduisant les risques de conflits, la quatrième était frustrante à cause du facteur temps. Restaient la troisième et la cinquième. Cette dernière, créer une collection commune, changeait radicalement le cadre du problème posé.

Procéder à la sélection avec tout le monde.

« L'intérêt partagé devenait l'élargissement de la collection pour tous les trois. Cet

Mettre au jour et énoncer l'intérêt commun.

objectif était rendu possible grâce à l'échange des doubles à l'école. Mes enfants prenaient conscience progressivement qu'en se mettant à trois il y en aurait plus pour tout le monde. Il a donc été convenu de garder cette solution pour une réflexion plus approfondie et de créer un *tableau de bord* pour suivre objectivement la distribution.

Elargir le gâteau.

Reporter la décision.

Mettre en place une procédure objective.

« L'ordre des trois noms se ferait par *tirage à bulletins secrets*. Chaque fois que quelqu'un recevrait un pin's, on ferait une croix devant son nom, puis le suivant et ainsi de suite *à tour de rôle*.

Recourir à des procédures objectives indépendantes de la volonté des parties.

« Enfin, nous sommes convenus qu'*ils se chargeraient eux-mêmes* de la tenue du tableau de bord et de la répartition de la tâche entre eux. »

Les faire participer à l'élaboration de la solution et à son suivi.

Dans cet exemple, le parent suscite la réunion, préconise les méthodes de recherche en laissant les enfants participer activement à l'élaboration de la solution. Il a réussi à les sortir d'un face à face au profit d'un côte à côte attaquant le problème de front. La clé du succès réside ici dans la fabrication de la solution par les enfants eux-mêmes avec l'aide, certes, du parent.

L'autre clé se caractérise par l'invention ou le recours à de multiples procédures objectives indépendantes de la volonté des uns et des autres : tableau de bord, tirage à bulletins secrets, tour de rôle. C'est là que le parent médiateur joue à fond sa carte de neutralité et qu'il accrédite aux yeux de ses enfants sa capacité à répondre à leur besoin d'équité et de justice.

Sixième étape : responsabiliser les enfants quant à leur choix

Il vous appartiendra de choisir jusqu'où vous les accompagnerez dans le processus. Vous pouvez leur laisser l'initiative après le recadrage sur les intérêts, la recherche des idées, la sélection des idées ou la préconisation et l'aide au choix de la procédure objective.

Laissez-vous guider par votre intuition. Au début, accompagnez-les jusqu'au bout ; mais, après une certaine expérience, apprenez à les laisser seuls une fois les intérêts mis au jour. Vous verrez, ils y arriveront sans vous et c'est tant mieux.

D'ailleurs, l'exemple des pin's se termine par la répartition des rôles entre les enfants et en dehors du parent. L'accord a des chances de durer, puisqu'ils ont participé à sa mise en application et qu'ils en assument la responsabilité.

Septième étape : assurer le suivi de l'accord pour capitaliser sur l'expérience

> Ne leur donnez pas un poisson, apprenez-leur à pêcher (proverbe chinois).

C'est tout d'abord s'assurer de sa mise en application. C'est aussi aider à lever les quelques points litigieux soulevés au moment de sa mise en œuvre. C'est enfin en profiter comme d'une expérience constituante pour les autres conflits à venir. Chaque conflit résolu constitue une merveilleuse occasion pour *apprendre à apprendre* à partir de l'expérience. Il ne s'agit pas de s'autosatisfaire béatement ou de se lamenter, mais de comprendre les mécanismes qui ont concouru à la réussite et ceux ayant engendré des difficultés ou des obstacles.

C'est ainsi que le parent va encourager à la répétition des processus et manières de faire efficaces, et à l'évitement de ceux générateurs de freins. De la sorte, les enfants seront amenés à fonder leurs convictions non sur la simple parole de l'adulte, mais d'abord et avant tout sur leurs expériences propres.

De même, si votre intervention s'est limitée à recadrer sur les intérêts en leur gardant toute latitude pour inventer et choisir la solution, votre suivi sera interprété comme le signe de votre intérêt pour ce qu'ils entreprennent, ce qui est primordial aux yeux des enfants. Les avoir laissés se « dépatouiller » était une marque de confiance, une volonté de les responsabiliser et non un signe d'indifférence.

APPLICATION

Mise au défi par ses invités de résoudre un conflit entre ses deux enfants de huit et quatre ans et demi qui se disputaient bruyamment la télécommande de la télévision, une mère procéda ainsi :

La mère : « Pourquoi vous disputez-vous la télécommande ? »

La fille de quatre ans et demi : « J'en ai marre qu'il l'ait. »

Le garçon de huit ans : « J'en ai marre qu'elle l'ait. »

La mère s'adressant à la petite : « Pourquoi tu en as marre ? »

La fille : « Parce qu'il zappe tout le temps. »

La mère à l'aîné : « Est-ce que tu promets, si je te la donne, de ne pas zapper ? »

Le garçon : « Je suis d'accord. »

La mère à la fille : « Es-tu d'accord ? »

La fille : « Je suis d'accord. »

Le garçon était mis devant le choix de respecter son engagement ou le rompre. Dans ce cas, c'est lui qui aurait fait le choix de se priver de la télécommande et il ne s'agissait plus d'une action autoritaire du parent.

Si ça ne marche pas, réessayer mais en tentant quelque chose de différent : celui qui perd gagne aussi... mais autre chose.

Autre exemple. Rentré plus tôt que prévu, j'étais d'accord pour raconter ce soir-là une histoire à mes enfants, mais le désaccord est survenu à propos de l'histoire elle-même.

Laura : « Je veux la suite de *Kiki, Kaka, Koukou,* les trois oiseaux qui parlent. »

Rémy : « Non, je veux une autre histoire. »

Moi : « Ce soir, je veux bien en raconter une, mais je n'ai pas assez d'énergie pour aller jusqu'à deux. Il va vous falloir choisir laquelle ; et ce problème, il vous appartient de le régler seuls. »

(Je recadre, sans prendre position, sur le problème à résoudre après avoir écouté les demandes de chacun et je responsabilise mes enfants quant à la prise de décision.)

Mais mon fils refuse et campe sur sa position : « Je veux une autre histoire. »

La situation semblant bloquée, je propose alors de recourir à une procédure objective indépendante de la volonté des parties : « Ecoutez, je suggère que nous tirions à pile ou face. Qu'en pensez-vous ? »

Laura : « Oui, d'accord. »

Rémy : « Non, je ne veux pas. »

Moi : « Pourquoi ? »

Rémy : « C'est toujours elle qui gagne. »

C'était toujours l'impasse, il était nécessaire de trouver une autre direction.

Moi : « J'ai une autre idée, voulez-vous l'écouter ?... Vous le savez, j'adore vous raconter une histoire avant que vous vous couchiez ; comme, demain soir, je rentre tôt également, vous aurez droit à une deuxième histoire. Si vous êtes d'accord, je vais prendre deux bouts de papier et écrire Kiki, Kaka, Koukou sur l'un et *Autre histoire* sur l'autre. On demandera à maman de tirer au sort pour savoir par laquelle des deux nous commencerons ce soir. Etes-vous d'accord ? »

(En élargissant le gâteau – deux histoires étalées sur deux jours – et en proposant une autre procédure objective, plus personne n'était perdant.)

Laura, instantanément : « Oui. »

Rémy, après une courte réflexion : « Oui. »

Moi : « Laura, va chercher le papier, Rémy les ciseaux et le crayon. »

Rémy : « C'est moi qui découpe le papier. »

Laura : « C'est moi qui plie les bulletins. »

(En les faisant participer, cette solution désormais leur appartient.)

Le tirage par bulletins secrets, effectué par la mère, désigne pour commencer *Kiki, Kaka, Koukou.*

Moi : « Demain soir, c'est Rémy qui choisira l'histoire qu'il veut, ce sera la sienne. »

Même s'il n'avait pas tout perdu, il fallait l'aider à patienter.

Le lendemain, après le dîner, les enfants s'empressent de me rappeler ma promesse.

Moi : « Alors, Rémy, quelle histoire as-tu choisie ? »

Rémy : « La suite de *Kiki, Kaka, Koukou.* »

Moi : « Ça alors, pourquoi as-tu changé d'avis ? »

Rémy : « Parce que j'ai trouvé qu'elle était très rigolote. »

La médiation : potion magique ou remède miracle ?

La boucle de l'approche du parent médiateur est ainsi bouclée. Les sept étapes décrites constituent un canevas d'ensemble ; elles n'impliquent pas forcément un ordre intangible ni l'exigence de les suivre toutes à la lettre.

La guerre ne vous guette pas tous les soirs derrière votre porte, et vos enfants, sans être des anges, sont loin d'être le diable personnifié.

Parfois, vous interviendrez uniquement pour aider à clarifier le problème ou préconiser une procédure objective. D'autres fois, vous soufflerez une ou deux idées pour dégripper leur créativité, ou suggérerez une direction ou une voie non encore explorée.

La médiation n'est ni toujours possible ni toujours souhaitable. Parfois, les enfants ont besoin d'une remontrance (sans pour autant que vous utilisiez violence et hurlements stridents pour l'exprimer) et, si elle ne vient pas, ils deviennent de plus en plus odieux. D'autres fois, il y a danger pour la sécurité de l'un ou de l'autre, et il convient alors de parer au plus urgent.

Sans être le remède universel, la médiation permet au parent de quitter les habits du chef qui commande ou du juge qui arbitre pour porter ceux de l'ami. Celui qui inspire confiance, car il fait confiance. Celui qui facilite le dialogue, car il pratique l'écoute. Si vous êtes l'ami de vos enfants, ils vous réclameront plus volontiers votre aide pour abattre les murs qui se dressent entre eux, pour déboucher les canaux de communication et recréer leurs liens distendus.

De plus, être considéré comme un recours pour vos enfants éloigne le spectre et réduit la probabilité d'apparition du fossé de générations entre vous et eux. Ce bénéfice-là n'est pas une maigre consolation. Alors oui, il y a, pour cela, un prix à payer : du temps, de la disponibilité et des trésors de patience.

Atteindre ce stade de qualité relationnelle fera de vous non seulement le médiateur aidant à gérer les conflits, mais aussi celui qui permet de les anticiper. Plus encore, vous pourrez susciter la création de liens là où ils n'étaient pas visibles et favoriser ainsi pour vos enfants la gestion optimum de la compétition et de la coopération dans leurs relations.

Application élargie

Cette démarche s'applique parfaitement dans les conflits familiaux entre le conjoint et l'un des enfants. J'emprunte l'exemple suivant à l'un de mes stagiaires :

Un soir, de retour chez lui, il trouva sa femme et sa fille (qui préparait son bac) sous tension. Il n'était pas difficile de comprendre qu'un désaccord les opposait. La première étape, dans ce cas, est d'aller à la pêche à l'information pour mieux situer l'objet du différend.

C'était la période où le gouvernement de Jacques Chirac cherchait à réformer les universités avec la loi Devaquet. Sa fille voulait participer à la grande manifestation organisée par les coordinations estudiantines et la mère y avait opposé un « non » catégorique. Les deux parties se trouvaient donc embourbées dans une guerre de tranchées classique.

Le père : « Pourquoi veux-tu manifester ? »

(Poser une question et attendre la réponse.)

La fille : « C'est facile à comprendre, cette loi concerne mon avenir et, tout comme les autres étudiants, je désire avoir mon mot à dire là-dessus. En plus, tous les copains de la classe y vont, tu ne voudrais pas qu'on dise que moi je suis restée derrière ? »

Le père : « Tu veux t'exprimer par rapport à ton avenir, c'est bien cela ? »

(Reformuler avec d'autres mots la préoccupation de l'autre et s'assurer qu'on l'a bien comprise.)

La fille : « C'est tout à fait cela. »

(La ratification positive de la reformulation est un signe de compréhension.)

Le père, s'adressant ensuite à son épouse : « Et toi, pourquoi refuses-tu de laisser Muriel aller manifester ? »

(Rechercher les intérêts derrière les positions.)

La mère : « Pour moi, c'est simple ; il faut qu'elle comprenne que, dans ces manifs, il y a souvent des excités et des fauteurs de troubles. Ils n'ont peut-être rien à voir avec les étudiants, mais ils provoquent des bagarres. Je ne tiens pas à ce qu'il lui arrive quelque chose. »

La fille : « Plus le nombre des étudiants sera élevé, mieux nous réussirons à les marginaliser. »

Pour la petite histoire, il faut savoir que la femme de ce négociateur professionnel était une ancienne soixante-huitarde...

Le père reprit alors : « Le problème que nous avons à résoudre ensemble, c'est comment laisser s'exprimer Muriel sans que toi tu sois angoissée ? Qu'en pensez-vous, si nous nous mettions à rechercher des solutions ? »

(Transformer les positions en problème à résoudre en commun ; recadrer sur les intérêts et non plus sur les positions ; inviter les parties à être inventives et créatives.)

Plusieurs solutions furent envisagées, jusqu'à ce que l'une d'elles entraîne la satisfaction des deux parties : la fille participerait à la manifestation (ce qui satisfaisait son besoin de s'exprimer), mais elle devrait téléphoner à sa mère deux ou trois fois durant le trajet et quitterait la manifestation une fois arrivée devant l'Assemblée nationale (les troubles démarrant le plus souvent au moment de la dispersion).

Cet exemple illustre à nouveau le fait que, si les positions sont antagonistes, les préoccupations, les intérêts, les besoins sous-jacents sont souvent tout simplement différents, et il est possible de les concilier.

Pour conclure, quatre remarques :

- Tous ces savoir-faire ne marchent pas avec tous les enfants.
- Certaines de ces aptitudes ne conviendront pas forcément à votre personnalité.
- Il n'y a pas de techniques ou de méthodes systématiquement efficaces.
- Mais, en tout état de cause, rappelez-vous que vous devez rester « le patron ».

Conclusion

> « Vos enfants ne sont pas vos enfants.
> Ils sont les fils et les filles de l'appel de la Vie à elle-même.
> Ils viennent à travers vous mais non de vous.
> Et bien qu'ils soient avec vous, ils ne vous appartiennent pas.
> Vous pouvez leur donner votre amour mais non vos pensées, car ils ont leurs propres pensées.
> Vous pouvez accueillir leurs corps mais pas leurs âmes, car leurs âmes habitent la maison de demain, que vous ne pouvez visiter, pas même dans vos rêves.
> Vous pouvez vous efforcer d'être comme eux, mais ne tentez pas de les faire comme vous.
> Car la vie ne va pas en arrière, ni ne s'attarde avec hier.
> Vous êtes les arcs par qui vos enfants, comme des flèches vivantes, sont projetés.
> L'Archer voit le but sur le chemin de l'infini, et Il vous tend Sa puissance pour que Ses flèches puissent voler vite et loin.
> Que votre tension pour la main de l'Archer soit pour la joie ;
> Car de même qu'Il aime la flèche qui vole, Il aime l'arc qui est stable. »
>
> Gibran Khalil Gibran, *Le Prophète*.

Il est vraisemblable que de multiples questions sont demeurées sans réponses.

Néanmoins, nous espérons avoir rendu attrayant un mode relationnel entre parents et enfants fondé sur l'acceptation et le traitement négocié des différences. Nous espérons en outre, dans ce domaine où ils abondent, avoir bousculé une bonne partie des confusions, des idées reçues et des malentendus de toutes sortes.

Si, en arrivant au bout de cette lecture, vous avez acquis un début de conviction qu'être un parent négociateur ou un parent médiateur est possible, nous aurons gagné notre pari ; même si un livre informe... et ne forme pas ; même si l'entraînement et l'apprentissage sont les conditions sine qua non du succès. Alors, vous serez sur la bonne voie pour devenir non point le parent parfait inaccessible, mais plus simplement « un parent acceptable ».

Puisque les différends et les conflits sont une donnée de la vie même, cette manière de les traiter va être le plus beau cadeau offert à vos enfants pour leur avenir. Comme, par ailleurs, la négociation implique beaucoup d'efforts et d'énergie de votre part pour écouter, comprendre et inventer ; comme elle suppose, par un acte de courage, que vous ayez dépassé votre peur de vous remettre en question, cette approche prend alors tout son sens comme un véritable acte d'amour.

En acceptant de remettre en question vos propres positions, vous avez indiqué votre abandon du rêve d'omnipotence sur les autres et admis les limites de votre pouvoir d'adulte. Par votre exemple, vous leur avez montré, et non seulement prêché, la nécessité de la coopération avec les autres pour pouvoir vivre et exister dans ce monde.

Voyant que vous affirmiez vos besoins et que vous teniez compte des leurs, ils ont acquis la preuve de leur existence propre ainsi que de celle de l'autre à l'extérieur d'eux-mêmes. Ils prennent ainsi conscience de leurs limites et que, sans dominer le monde, ils peuvent l'influencer : ni l'irréalité d'un pouvoir illimité, ni l'impuissance totale.

En découvrant cet art de traiter constructivement les différences, vous les aidez concrètement à grandir et à devenir des adultes responsables. Ils auront ainsi appris à bonne école à s'appuyer sur leurs propres pensées, à affirmer leur volonté, à développer leur individualité plutôt qu'à entretenir leur dépendance et à cultiver leur soumission. Ils auront été encouragés à s'épanouir et à être libres.

Pour conclure, ne l'oublions pas, avoir un ou plusieurs enfants est fatigant en soi. Ce sont de véritables dévoreurs d'énergie. C'est au parent qui est le plus en charge des enfants et qui est continuellement sur la brèche d'impliquer son conjoint et de lui faire prendre une part du fardeau lorsqu'il se sent trop fatigué et irritable. Sinon, l'épuisement sera, cette fois, une source de conflit... entre eux.

Ce livre, il est vrai, répond à certains problèmes parents-enfants, mais les méthodes développées sont tout à fait opérantes dans les relations entre les parents eux-mêmes ou quand le conflit oppose l'autre parent et l'un des enfants.

En effet, chers lecteurs et époux, ne ressentez-vous pas maintenant que vous êtes mieux à même de négocier ce partage des responsabilités entre vous ? Car, sans insister pour ne pas offenser votre intelligence, vous avez bien deviné, depuis un moment, que cette démarche s'applique parfaitement aux conflits entre les « ex-petits » que vous êtes.

Alors, bonnes négociations !

ANNEXE 1

Les négociations de Camp David

Rappelez-vous, après la guerre des Six Jours en juin 1967, l'Etat d'Israël a occupé, entre autres, le Sinaï, territoire égyptien. A partir de là, les deux ennemis ont mené une guerre d'usure en procédant à des attaques éclairs, des bombardements de temps à autre auxquels l'autre partie se sentait obligée de répliquer, etc. Attaques et représailles se sont poursuivies durant six années sans que ceci ne permette d'entrouvrir la voie à un règlement quelconque. La solution militaire a été un échec. L'Egypte rappelait constamment sa volonté de récupérer l'intégralité de son territoire. Et Israël refusait obstinément de le lui rendre. Les deux parties étaient enfermées dans une guerre de position sans merci. Il y avait un vainqueur et un vaincu, et cela n'est, bien entendu, guère propice à la paix.

La guerre d'octobre 1973, qui fut menée par l'armée égyptienne, a permis de bouleverser le rapport de force et, dès lors, des efforts pour la paix ont été entrepris, mais d'abord d'une manière traditionnelle. Puisque les deux se disputent un territoire, pourquoi ne pas le couper en deux à la manière du bon vieux roi Salomon qui voulait ainsi départager les deux mères qui prétendaient avoir le même enfant.

Des quantités de plans furent ainsi échafaudés, mais aucun ne reçut l'approbation des deux belligérants.

Quand, à la suite de péripéties multiples, le président Carter réussit à asseoir autour de la même table les deux protagonistes, son conseiller l'avisa de se servir de cette approche différente de la négociation. Plutôt que de se centrer sur leurs positions respectives – « Je veux récupérer le Sinaï / Je ne veux pas vous le rendre » –, il procéda tout comme le père mentionné plus haut :

« Pourquoi voulez-vous le Sinaï ? », demanda-t-il au président égyptien Sadate.

En procédant de la sorte, il avait des chances de découvrir les intérêts sous-jacents aux positions, alors que la question « Que désirez-vous ? » aurait eu tendance à enfermer l'autre dans sa position.

« Nous avons connu toutes sortes d'envahisseurs depuis des siècles. Notre territoire n'a été libéré de leur joug que depuis une centaine d'années. Il n'est plus question pour nous d'accepter qu'un envahisseur occupe une parcelle de notre territoire ; notre besoin est un besoin d'intégrité territoriale et de souveraineté nationale.

– Et vous, M. Begin, pourquoi voulez-vous conserver le Sinaï ?

– Vous, les Américains, vous êtes des naïfs ; ce n'est pas vous qui vivez à côté des Arabes ; il n'est pas question que les villes et les villages de notre frontière sud soient en permanence sous la menace des canons et des chars égyptiens. Notre besoin est un besoin de sécurité. »

Au lieu de débattre de la meilleure manière de partager le Sinaï en deux, de se demander si oui ou non il fallait prendre le Sinaï, c'est-à-dire chercher à concilier des positions inconciliables, on posait le problème en d'autres termes :

« Messieurs, comment pouvons-nous trouver une solution à ce conflit épuisant, permettant de concilier vos besoins différents de souveraineté nationale pour l'un et de sécurité pour l'autre ? » *(recadrage sur les intérêts et pas sur les positions).*

La grande trouvaille de cette approche, c'est de reconnaître que les positions sont forcément antagonistes, mais que les intérêts – ce que chacun désire au fond – sont souvent tout simplement *différents.*

A partir de ce moment, il est alors possible d'inventer une solution nouvelle, à laquelle les deux parties n'avaient pas pensé au départ, qui satisfait non pas le besoin de sécurité de l'un *ou* le besoin de souveraineté de l'autre, mais les deux en même temps. La réponse à cette différence-là n'est plus qu'une question d'imagination.

Dans le cas précité, la solution qui a été trouvée a consisté à rendre le Sinaï à l'Egypte. Le président Sadate est rentré chez lui en disant : « J'ai ramené le Sinaï sans verser une goutte de sang » – le besoin de souveraineté était satisfait. Par ailleurs, une zone démilitarisée a été créée, contrôlée par les Américains, qui ont disposé des radars sophistiqués leur permettant de détecter un mouvement des troupes égyptiennes avant même que les silos ne s'ouvrent, avertir Israël et garantir son besoin de ne pas être surpris par l'ennemi, et donc sa sécurité.

Cette solution a été admise, et elle dure depuis 1979. Ce qui n'est pas mal quand on pense à l'historique des relations entre ces deux pays.

ANNEXE 2

Le conflit des contrôleurs aériens français

Un autre exemple, tiré celui-là de l'actualité sociale française, vous permettra encore mieux de voir à l'œuvre la pertinence de cette approche.

Vous avez certainement eu vent de la grève à répétition des contrôleurs aériens qui a perturbé considérablement le ciel français courant 1987. Ces fonctionnaires, depuis toujours, réclamaient l'intégration de leurs primes dans le calcul de leur retraite. La Direction de l'aviation civile, pour sa part, s'y était toujours opposée. Et, encore une fois, nous étions plongés dans ce qui vous est familier maintenant, c'est-à-dire une guerre classique de positions.

Les relations sociales en France regorgent d'exemples de ce type (navigation à deux / navigation à trois de l'Airbus A320 à Air Inter ; volonté d'introduction par la direction de la SNCF d'une grille de rémunération au mérite par opposition à la pratique fondée sur l'ancienneté seulement / refus de suppression de l'ancienneté par les syndicats...).

La grève est un moyen mis à la disposition des salariés pour faire entendre leurs voix et qui est nécessaire. Le problème, c'est la manière dont on s'en sert.

« Si vous n'intégrez pas nos primes, nous ferons grève aux périodes de vacances, ce qui déclenchera la colère des usagers contre vous. »

Le processus utilisé, c'est la menace. Le ressort de ce type de communication est le suivant : « Si vous ne cédez pas à mon exigence, voilà tous les dégâts *volontaires* que je vous ferai subir. »

L'épreuve de force fut ainsi engagée pour la énième fois, mais cette fois la colère des usagers s'est retournée aussi contre les contrôleurs aériens eux-mêmes, puisqu'un groupe de passagers excédés a pris d'assaut la tour de contrôle de l'aéroport de Paris.

Ces deux exigences paraissaient si incompatibles que ce conflit durait depuis dix-sept ans sans que l'ombre d'une solution ne se dessine. Tant et si bien qu'on a même envisagé de sortir les contrôleurs de la fonction publique et de les privatiser.

Analysons les faits : le salaire des contrôleurs aériens est composé de 60 % de fixe et de 40 % de primes, et ces dernières ne sont pas comptabilisées dans le calcul de la retraite. La véritable motivation des contrôleurs aériens n'est pas d'intégrer cette prime dans le calcul de la retraite, mais de *revaloriser* leur retraite. L'intégration des primes paraît être le moyen le plus évident pour satisfaire ce besoin, mais il peut y en avoir d'autres.

Quant à la Direction de l'aviation civile, son opposition à la revendication des contrôleurs était motivée par le fait qu'elle craignait, si elle répondait favorablement à celle-ci, de *battre en brèche le statut de la fonction publique,* créant ainsi un précédent dans lequel risquaient de s'engouffrer tous les autres fonctionnaires. Ce qui constituerait une charge financière difficilement supportable.

Dès que les intérêts sous-jacents aux positions étaient ainsi mis au jour, il était alors possible de recadrer le conflit ; le problème à résoudre n'était plus « Faut-il ou non intégrer les primes dans le calcul de la retraite ? », mais « Comment revaloriser la retraite des contrôleurs aériens sans remettre en cause le statut de la fonction publique ? ».

Chacun cherche quelque chose de différent. Dans ce cas également, il n'y a pas d'antagonisme entre les besoins des parties, mais seulement entre les positions prises pour les satisfaire.

Formulé ainsi, les parties se trouvent face à un problème commun et qu'elles doivent résoudre ensemble au mieux de leurs intérêts respectifs. Seule une voie alternative - à céder ou à imposer - permet d'y parvenir. Elle passe par l'imagination et l'invention de solutions nouvelles auxquelles les parties, enfermées dans leur tunnel, ne pouvaient penser au départ.

Dans ce cas, « un indice » supplémentaire à la grille de salaire a été créé la dernière année d'activité des contrôleurs, assorti d'une augmentation de rénumération ; comme la retraite des fonctionnaires est calculée sur la base du salaire de la dernière année d'activité et pas sur celle des dix meilleures années (comme dans le privé), ces derniers pouvaient ainsi partir avec une retraite revalorisée sans mettre en péril le statut de la fonction publique. Cette solution était satisfaisante pour les deux parties.

Bibliographie

Bandler (R.) et Grinder (J.), *Les Secrets de la communication*, Le Jour Editions, coll. « Actualisation », Montréal, 1982.

Bateson (G.), *Vers une écologie de l'esprit*, Editions du Seuil, 2 tomes, 1977 et 1978.

Bellenger (L.), *La Négociation*, Presses universitaires de France, septembre 1984.

Berne (E.), *Des jeux et des hommes. Psychologie des relations humaines*, Stock, 1966.

Bettelheim (B.), *Pour être des parents acceptables. Une psychanalyse du jeu*, Robert Laffont, coll. « Réponses », 1988.

– *Psychanalyse des contes de fées*, Robert Laffont, coll. « Réponses ».

Brazelton (B.T.), *Ecoutez votre enfant. Comprendre les problèmes normaux de la croissance*, Payot, avril 1985.

Canter (L.) and Canter (M.), *Assertive Discipline for Parents*, Harper & Row, 1988.

De Bono (E.), *Conflits. Vers la médiation constructive*, InterEditions, 1988.

Dolto (F.), *La Cause des enfants*, Robert Laffont, 1985.

Dyer (W.), *Les 10 Commandements pour réussir l'éducation de vos enfants*, Belfond, 1988.

Faber (A.) and Mazlish (E.), *How to Talk so Kids Will Listen & Listen so Kids Will Talk*, Avon Books, March 1982.

Faber (A.) et Mazlish (E.), *Jalousies et rivalités*, Stock, 1989.

Fisher (R.) et Brown (S.), *D'une bonne relation à une négociation réussie*, Editions du Seuil, 1982.

Fisher (R.) et Ury (W.), *Comment réussir une négociation ?*, Editions du Seuil, 1982.

Fustier (M.), *Le Conflit dans l'entreprise*, ESF, 1975.
Ginot Haim (G.), *Relations entre parents et adolescents*, Marabout, 1968.
– *Relations entre parents et enfants*, Marabout, 1968.
Gordon (T.), *Parents efficaces*, Dr. Thomas Gordon & David McKay Co., 1970.
Klein (M.), *Envie et gratitude, et autres essais*, Gallimard, 1968.
Layole (G.), *Dénouer les conflits professionnels. L'intervention paradoxale*, Editions d'Organisation, juin 1984.
Leclaire (S.), *On tue un enfant. Un essai sur le narcissisme primaire et la pulsion de mort, suivi d'un texte de Nata Minor*, Editions du Seuil, 1975.
Miller (A.), *C'est pour ton bien. Racines de la violence dans l'éducation de l'enfant*, Aubier Montaigne, 1984.
Mucchielli (R.), *L'Entretien de face à face dans la relation d'aide*, Editions ESF Eme, 8e éd., 1980.
Rubin (J.) and Rubin (C.), *When Families Fight. How to Handle Conflict With Those You Love*, Morrow, 1989.
Salomé (J.), *Papa, maman, écoutez-moi vraiment*, Albin Michel, 1991.
Severin (G.), *Papa, maman, dites-moi pour de vrai*, Albin Michel, 1991.
Six (J.-F.), *Le Temps des médiateurs*, Editions du Seuil, 1990.
Sun Tzu, *L'Art de la guerre*, Flammarion, coll. « Champs », 1972.
Ury (W.), *Getting Past No. Negotiating With Difficult People*, Bantam, septembre 1991. Traduction française à paraître au Seuil.
Ury (W.), Brett (M.J.) and Goldberg (B.S.), *Getting Disputes Resolved. Designing Systems to Cut the Costs of Conflict*, Jossey-Bass Publishers, 1989.
Watzlawick (P.), *Faites vous-même votre malheur*, Editions du Seuil, novembre 1984.
– *Le Langage du changement. Eléments de communication thérapeutique*, Editions du Seuil, 1980.
Winnicott (D.W.), *The Child, the Family and the Outside World*, Pelican, 1957, 1968.

Table

LE PARENT MÉDIATEUR

Créer des passerelles entre... vos enfants

NORMANDIE ROTO IMPRESSION S.A. À LONRAI (1-97)
DÉPÔT LÉGAL : OCTOBRE 1992. N° 14450-6 (970009)